SOBRE O ESTADO E O PODER, A ECONOMIA E A POLÍTICA

ANÍBAL ALMEIDA

Professor catedrático da Faculdade de Direito de Coimbra

SOBRE O ESTADO E O PODER, A ECONOMIA E A POLÍTICA

ALMEDINA

TÍTULO:	SOBRE O ESTADO E O PODER, A ECONOMIA E A POLÍTICA
AUTOR:	ANÍBAL ALMEIDA
EDITOR:	LIVRARIA ALMEDINA – COIMBRA www.almedina.net
LIVRARIAS:	LIVRARIA ALMEDINA ARCO DE ALMEDINA, 15 TELEF. 239 851900 FAX 239 851901 3004-509 COIMBRA – PORTUGAL livraria@almedina.net
	LIVRARIA ALMEDINA ARRÁBIDA SHOPPING, LOJA 158 PRACETA HENRIQUE MOREIRA AFURADA 4400-475 V. N. GAIA – PORTUGAL arrabida@almedina.net
	LIVRARIA ALMEDINA – PORTO RUA DE CEUTA, 79 TELEF. 22 2059773 FAX 22 2039497 4050-191 PORTO – PORTUGAL porto@almedina.net
	EDIÇÕES GLOBO, LDA. RUA S. FILIPE NERY, 37-A (AO RATO) TELEF. 21 3857619 FAX 21 3844661 1250-225 LISBOA – PORTUGAL globo@almedina.net
	LIVRARIA ALMEDINA ATRIUM SALDANHA LOJAS 71 A 74 PRAÇA DUQUE DE SALDANHA, 1 TELEF. 21 3712690 atrium@almedina.net
	LIVRARIA ALMEDINA – BRAGA CAMPUS DE GUALTAR UNIVERSIDADE DO MINHO 4700-320 BRAGA TELEF. 253 678 822 braga@almedina.net
EXECUÇÃO GRÁFICA:	G.C. – GRÁFICA DE COIMBRA, LDA. PALHEIRA – ASSAFARGE 3001-453 COIMBRA Email: producao@graficadecoimbra.pt
	JANEIRO, 2003
DEPÓSITO LEGAL:	189318/02

Sexcenti sumus!

1. Uma vez publicada, no lugar próprio, a prometida versão definitiva do meu ensaio **Indecidibilidade** *e intransitividade na "teoria da decisão"* (nas páginas 7 a 52 dos *Estudos em homenagem ao Prof. Doutor Rogério Soares*, nos *Studia Iuridica* do BFD, muito recentemente vindos a lume), é esta a vez de reuni-lo com o registo escrito de uma lição *Sobre a racionalidade do "estado ou governo" como operador económico*, que com ele faz um todo, até no concernente ao seu conjunto período de elaboração, ambos compondo agora o presente volume, quarto e penúltimo da minha «obra completa» (já se vê: por agora...) de «financista» profissional, que se sucede aos três primeiros volumes: os meus *Estudos de Direito Tributário* (1996), actualmente em 2ª edição (1999), e os mais recentes *Do "oscilador de Samuelson" ao espectáculo da "propulsão"* e *Teoria pura da imposição*, ambos saídos em 2000, e todos sob a égide desta mesma editora: *Livraria Almedina*.

Trata-se, agora, de duas incursões recentes no *espaço lógico* conjunto da *Economia Pública* e da *Ciência Política* ou *Politologia*, ambas especulando sobre o estado actual do *"estado* ou *governo"* (*), do *"poder*

(*) Ambos os membros da expressão entre aspas a que vem esta nota serão utilizados, nas páginas que seguem, quer em conjunto, quer isoladamente (e em alternativa) para significar o mesmo: no fundo, realmente (salvo outra prevenção), a «administração pública» do estado actual a cuja sombra vamos vivendo; talvez mais propriamente, o "sector público administrativo" do «estado social» dos dias de hoje. Um problema terminológico que antes se punha com alguma acuidade e alguma nitidez (nomeadamente, a conhecida circunstância de o inglês ‘*government*’ corresponder quase perfeitamente ao português ‘*estado*’ e seus equivalentes nas línguas dominantes da Europa continental: ‘*der Staat*’, ‘*l'état*’, ‘*lo stato*’) vem perdendo acuidade precisamente por perder nitidez, principalmente devido à recepção de autores europeus continentais com obra decisiva e até há pouco quase ignorados no hemisfério anglo-saxónico, como é o caso, principalmente, dos de língua alemã, como Jürgen HABERMAS e, sobretudo, outros tão importantes e antes tão desconhecidos como, p. exº, Niklas LUHMANN ou Ulrich BECK, e que, escrevendo em alemão, vemos agora traduzidos, o que viria a generalizar potencialmente, nestes últimos anos, o

no mercado" (*'market power'*), da *Economia* e da *Política*, e a respectiva refracção sobre a *vida quotidiana* nas «democracias representativas» dos dias de hoje e de amanhã... É, na verdade, este o seu lugar próprio, até porque eles não teriam cabido antes nem caberiam no quinto e último volume que virá a seguir e terá como título *Estudos de Economia Pública* e será preenchido por uma ou duas novidades e por novas versões de uma dúzia de artigos de menor porte que foram sendo publicados no BCE durante os últimos doze anos.

2. Para o efeito desta publicação, a lição *Sobre a racionalidade do "estado ou governo" como operador económico*, que constitui a peça inicial da presente recolha, originariamente publicada no vol. 48 (2000) do BCE, pp 1-94, foi amplamente refundida, constituindo, agora, uma peça diferente, ao passo que o ensaio sobre a *intransitividade* que vai dos jogos de salão a dois ou três comparsas para a realidade das «democracias representativas» que pretende espelhar, vai na «versão definitiva», com o endereço definitivo, como homenagem a Rogério Soares; porém, uma vez que *'homo sum'*, e que *'Homo, natus de muliere .. nunquam in eodem statu permanet'* (segundo a universal lição de *Job*, 14.1-2), ao leitor curioso será fácil agora notar a persistência de um ror de variantes, embora de somenos, entre ambas as versões...

3. Asseverar-se-á, por fim (segundo a perspectiva do seu autor), a *consistência* e *coerência* (que são coisas diferentes, contra o que possam presumir os leitores de «*franglais*»...) do todo constituído por ambas as vertentes da reflexão global que agora se apresenta e, ainda, que parece patente (sempre segundo a perspectiva do seu autor) a sua *actualidade*. No momento em que escrevo (exactamente pelas 12 e 50 de 29 de Novembro de 2001), tenho a meu lado um jornal de hoje, que, numa página à esquerda, contém uma notícia intitulada *'Produtores de vinho impõem suspensão da taxa de alcoolemia'*, com o seguinte comentário inserto: *'Foi o assumir da cedência aos "lobbies" dos produtores de vinho, que nos últimos dias têm bombardeado o P. S. e o Governo com pressões. Uma onda de tal ordem que envolveu numerosos presidentes de câmaras socialistas preocupados com os resultados da taxa de*

---

termo *'state'* para denotar o *'estado'* naquele amplo sentido de "SPA". Feita esta advertência, creio que ficamos entendidos, e de uma vez por todas, sobre esta *falsamente simples* (e «*estática*») questão.

alcoolemia não sobre a sinistralidade, mas sobre as eleições'. São, na verdade, bem *numerosos* os próprios «incumbentes» regionais — os titulares em exercício de uma alegada «capacidade eleitoral *passiva*», numa nomenclatura quase demente que se supõe convir-lhes... — e é, na verdade, *único* o aludido *lobby* dos produtores de vinho! E a *esmagada* maioria dos *eleitores* («*activos*»!) *consumidores*? E a *esmagadora* lista anual das *esmagadas* vítimas da embriaguês motorizada?

4. E a *esmagada* maioria dos *excluídos* de tais e tantos processos decisórios? Segundo o velho Cícero, na sua inicial peça oratória (a *Oratio pro Roscio Amerino*) que servirá de epígrafe à peça conclusiva desta recolha, a massa dos «*anónimos*» (como se diz actualmente, com tocante inocência, em «televisionês»), "os que ninguém nomeia, por ignóbeis", serão "*seiscentos*": "***Sexcenti sunt***".

Ora, convém *esclarecer* (que é, justamente, o que pretendo com o que segue...), que o vocábulo '*sexcenti*' tinha, em latim, além do seu primeiro, óbvio sentido enquanto *numeral cardinal*, igualmente o alcance de «muitos» ou «muito *numerosos*», ou seja, «inúmeros», e até de «*infinitos*»: Segundo o velho dicionário escolar de Francisco Torrinha (aliás, sem sombra de originalidade), '**Sexcenti, ae, a** [sex + centum], *num. card.*', significava, em simultâneo, '**1.** Seiscentos. **2.** Um número muito grande', i. e., algo pouco distante da média aritmética simples (502,5) entre o luxurioso *número qualitativo* das **Mil e uma** *noites* e o «*número quatro*», de duplo sentido para o dolente e contrafeito protagonista da maravilha crepuscular que é a novela de Jorge Luis Borges *La casa de Asterión*, esperando, conformado, o seu adivinhado redentor de olhos frios...

Numa palavra, digamos que *Sexcenti sumus*!

Coimbra, Av. Marnoco e Sousa,
29 de Novembro de 2001.

A. A.

Sobre a racionalidade do "estado" ou "governo" como operador económico (*)

1. Como todos sabemos, nos tratamentos convencionais de teoria económica, o *"estado ou governo"* ainda hoje persiste em ocorrer (se, onde e quando realmente ocorre...) como "elemento *exógeno"*; não poucas vezes, *reconhecidamente*, como «elemento *perturbador»*; as mais das vezes como elemento *implícito*, na melhor das hipóteses *latente* no modelo. *Por outro lado*, nos tratamentos *ex professo* do *"estado ou governo"* como agente económico (tanto nos tratamentos tradicionais, sob a espécie *«Finanças Públicas»*, como nos mais modernos manuais e tratados de *«Economia Pública»*), o que se nos depara é, com surpresa, não a figura do *"estado ou governo"* mas sim, e apenas, as suas postuladas largas, contrafeitas pegadas de *«macrodecisor»* (aliás, *irredutível*), que não ficamos a saber se terão sido impressas pelo imperioso Leviatão do velho

---

(*) Texto que serviu de base à *"lição síntese"* proferida pelo autor, em 21 de Maio de 1999, na *Sala dos Capelos*, no âmbito das provas públicas então realizadas com vista à obtenção do grau de Agregado em Ciências Jurídico-Económicas pela Faculdade de Direito da Universidade de Coimbra. O autor agradece, a dois juristas seus amigos, os preciosos contributos seguintes: a Henrique Meireles, seu interlocutor quase constante, o importante auxílio que lhe prestou numa recolha dos elementos sobre a *matéria filosófica* que subjaz à ora renovada crítica da impenitente *«corrente dominante»* de uma teoria económica que continua sua refém, por pertinácia em persistir num erro crasso actualmente a descoberto, por desconversa «tolerante» ou por fingida «distracção»; e a Cília Diniz, sua, entre todos, prezada convivente, o ter-lhe deparado a oportuna peça jurisprudencial que exorna o escrito que segue, e que veio a cair "como sopa no mel" no seu lugar (im)próprio, a que conveio exactamente... O § 1 foi expressamente *escrito* para ser *lido*, e todos os restantes para ser *respigados*, como, de facto, sucedeu. Porém, a presente versão seria fruto de um posterior trabalho de polimento efectuado durante o mês de Agosto, com a adjunção, em nota, de algumas notas de actualidade. Por fim, com vista a esta edição definitiva, foram explicitadas algumas conexões em falta na versão anterior e incluídos dois novos textos (um clássico, de Nicholas Kaldor, antes omisso, e uma benvinda novidade, do português Francisco Melro): tudo neste fim de ano de 2001.

Thomas Hobbes (como parece que poderia depreender-se do velho e reiterado ódio liberal ao *"estado* ou *governo")*, se, *muito pelo contrário*, se trataria antes desse novíssimo Sileno que é o bondoso Pai Natal, astuciosamente congeminado pelos grandes retalhistas em vésperas de balanço, ou de outro «bom ladrão», como um "legalizado" Robin Hood ou o seu sucedâneo indígena, modesto e impontual, que é o Zé do Telhado, porém agora em tamanho gigante, o que, aliás, *ao mesmo tempo e sob o mesmo aspecto*, virá também a suceder, da mesma perspectiva *marginalista*!

E o *defeito* é de tal modo *grave*, no seio conjunto das "económicas", que *parece impossível* que se depare e se mantenha ontem e hoje, e talvez àmanhã, tanto mais quanto é certo que, em diversos domínios, fora ou *à margem* da sempre festejada *«corrente dominante»*, não são escassos, nem invisíveis, nem constituem novidade diversos contributos, tão importantes como dispersos, que, uma vez considerados organizadamente, parecem apontar, com nitidez meridiana, ao menos no sentido de um sólido *princípio de solução* do *problema* em causa que esse *defeito de nascença* constitui.

Nada tem, pois, de peregrino ou fortuito alguém ter elegido *«o problema»* por excelência da *«Economia Pública»* ou das *«Finanças Públicas»* como objecto de uma *«lição»*, realmente *«de síntese»*, como a presente, eleição essa recomendada, quer pela sua rara urgência, quer pela manifesta *possibilidade* de, pelo menos, pôr ao dispor do problema uma óbvia *via de* solução. Em qualquer caso, a solução do problema parece fácil e inatacável, e a questão latente já foi dilucidada, como se disse, em diversos momentos e diversos domínios, fora ou *«à margem»* da referida «corrente dominante» *marginalista*. O que, na ocorrência, se torna urgente e necessário é só, portanto, levar a cabo uma recolha e (re)composição dos seus *disjecta membra*: uma *síntese*, em suma, sobre o *estado da questão*.

2. Para começar pelo princípio, deve dizer-se que os mais recentes clássicos *proprio sensu* (nomeadamente de Smith a Ricardo), ao debruçar-se, *extrovertidamente*, sobre a realidade, da perspectiva *macro*económica que cultivaram, não prosseguiram até ao fim, à semelhança do primeiro deles, o fisiocrata François Quesnay que, no seu "genial" e sucinto *Quadro económico do mundo* tinha, como é sabido, incorporado *todos os figurantes*, enquanto *polos* de um *circuito económico* em que a *"classe propriétaire"* engloba o *estado* do *Spätfeudalismus* ou *ancien régime*. Assim fica, portanto, o genial precursor da escola clássica britânica que foi o «físico» francês fora ou *«à margem»* desta questão, apenas nos convindo deixar aqui, formalmente gravada, uma memória do seu «quadro» ou esquema cabal e *não ideológico* (ao menos, nas *ausências* ou *banimentos* intencionais do quadro»...),

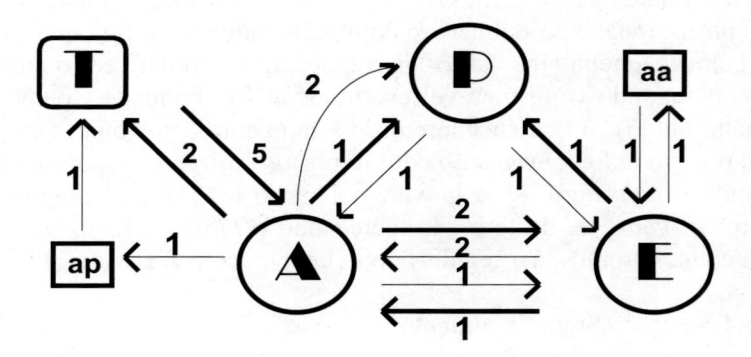

O *"quadro económico do mundo"*, de F. Quesnay
(seg. Bento Murteira, *Pref*° a Quesnay 1973, "Rede C", adaptada),

em que figura, no *pólo* "P", o *«estado»* do soberano (monarca absoluto), e remeter os interessados para a excelente edição portuguesa (Quesnay 1973), aliás antecedida de um *Prefácio* notável do Professor Bento Murteira ([1]).

3. Quanto aos referidos dois maiores vultos da escola clássica britânica (o «filósofo moral» escocês Adam Smith e o comerciante e político inglês, aliás luso-descendente, David Ricardo), ambos trataram do *"estado* ou *governo"* algo cominutivamente, *peça por peça*, não obstante ter o segundo dedicado um capítulo (cap. VII, *'On taxes'*) ao seu aspecto das

---

([1]) No diagrama, os outros *"polos"* representam as *"classes"* *"produtiva"* ("A") e *"estéril"* ("E"), representando "T" a *"terra"* como *"lugar"* e *"fonte* da *produção"*; *sectas* denotam *"fluxos"*, *a cheio* os "fluxos *reais"* (*"matérias primas e subsistências"*) e *a tracejado* os "fluxos *monetários"*, estes expressos em *«milhares de milhões de libras»*, e dividindo-se os *"adiantamentos"* monetários ("**a**", em geral) em " o", os "adiantamentos *primitivos"*, e " ' ", os "adiantamentos *anuais"*, com o *resultado*, *"produto"* ou *"rendimento* **líquido**" *"anual"* representado pelo fluxo a tracejado e em arco de "A" para "P". Ver, sobre tudo isto, a p 17 e seu contexto do já referido *Prefácio* de Bento Murteira.

receitas, talvez mais característico. Como os clássicos em geral, ambos trataram, realmente, o *"estado* ou *governo"* como *consumidor*, obtendo os *impostos* para financiar os modestos *agenda* do «estado liberal» (*"Justice, Police and Arms"*, segundo Smith; *"julgar* e *combater"*, segundo a seme-lhante fórmula expressiva, mas nada rigorosa, do primeiro financista por-tuguês profissional e académico, o coimbrão António Jardim, que aqui se deixa como pequena amosta do "português apocalíptico" em que ele se exprimia, segundo o insuperável escritor que foi Trindade Coelho, seu espantado aluno), o que sucede em dois momentos, por duas vias: gra-vando, por um lado, a *produção* com impostos *indirectos* (e, deste modo, cerceando o *consumo*), e ao gravar, por outro lado, o *rendimento* com impostos *directos* (e, deste modo, cerceando o *aforro* e também o *con-sumo*), como veremos já a seguir, pontualmente, com J. B. Say.

3.1 Segundo Smith, realmente,

> "O esforço natural de cada indivíduo para melhorar a sua condi-ção, se não for restringido, resultará na prosperidade da sociedade. [...] Constituirá, portanto, a maior das impertinências e das presunções, por parte dos reis e dos ministros, a pretenção de superintender à economia dos particulares, e de restringir as suas despesas [...]. São eles mesmos sempre, sem excepção, os maiores esbanjadores da sociedade".
>
> (SMITH 1921, *Index*, s. voc. *'Industry'*, p 221 I, e Livro II, cap. III, *'On the accumulation of capital'*, p 142 II)

O inserto é lapidar e sintomático, quer da escola em geral, quer do autor em particular, com suas célebres idiossincrasias que, aliás, não constituem mais que pequenos exageros, *doutrinais* e *retóricos*, do senti-mento comum da escola. Patente, no excerto, uma certa *avareza* ao con-ceber «a origem da riqueza das nações», notoriamente antes de Keynes e ao contrário do autor da *General theory*, mas igualmente depois de Mandeville e, *conscientemente*, contra o autor de *The fable of the bees*, que considerava o "nobre vício" da "prodigalidade" como o "vício pri-vado" mais susceptível de *«transmutar-se»* em "benefício público", como notou o próprio Keynes e que é também patente neste outro texto seu sobre os «esbanjadores» «por natureza», e até «por convicção», como os «reis» e «ministros» (ver o passo *grifado*, no seu final), aliás muito mais claramente que no exemplo rarefeito do próprio Keynes (cf ALMEIDA 1998a, final do *Apêndice* II e sua nota 30, e ALMEIDA 1998b, § 7.3.8.2 e notas 47 e 48):

"O dinheiro emprestado a juros é sempre considerado como um capital por quem o empresta. [...] Quem o pede emprestado pode usá-lo, quer como capital, quer aplicando-o ao consumo imediato. Se o usa como capital, emprega-o na manutenção dos trabalhadores produtivos, que reproduzem o valor, com um lucro. Ele pode, neste caso, restaurar o capital e pagar os juros, sem alienar ou comprometer outra fonte de rendimento. Se ele usa o dinheiro aplicando-o ao consumo imediato, actua como um pródigo e dilapida, na manutenção dos ociosos, o que estava destinado à subsistência ['*support*'] dos industriosos. O dinheiro emprestado a juros é, sem dúvida, ocasionalmente gasto de ambas as maneiras, mas é muito mais frequentemente utilizado da primeira do que da última. O homem que pede dinheiro emprestado para gastar cedo se verá arruinado, e o que lho emprestou terá, geralmente, ocasião para se arrepender da sua loucura. Se a grande usura estiver fora de questão, pedir emprestado ou emprestar dinheiro com tal propósito é sempre, portanto, contrário ao interesse de ambas as partes; e embora, sem dúvida, suceda, por vezes, que as pessoas fazem tanto uma coisa como a outra, contudo, dado o cuidado que todos os homens têm com os seus *interesses próprios*, pode-se assegurar que tal não acontece tão frequentemente como se imagina. *Perguntai a qualquer homem rico e de comum prudência a qual de ambos os tipos de gente ele emprestaria a maior parte do seu dinheiro, se aos que ele julga que o gastariam proveitosamente, se aos que* [*ele julga que*] *o gastariam ociosamente, e ele rirá de vós por terdes posto essa questão. Mesmo entre os que pedem emprestado e que, portanto, não são os mais famosos do mundo em frugalidade, o número dos frugais e dos industriosos excede consideravelmente o dos pródigos e ociosos*".

(SMITH 1901, Livro I, cap. IV, '*Of stock lent at interest*', p 142 II; *grifei*)

A partir de um tal hino à *parcimónia* dos *indivíduos*, e da visão desse «mal necessário» que é o *"estado ou governo"*, consumidor e esbanjador *«por natureza»*, o tolerado «intruso» não poderia nunca aceder à nobre condição ou essência ontológica de objecto de estudo da então novíssima ciência chamada *Economia Política*; trata-se, sim, de um parente ou vizinho felizmente *afastado*, que se não sabe comportar devidamente em sociedade, vexando e embaraçando, com a sua presença, o afastado próximo e que, por isso mesmo, é *afastado*, mesmo *ignorado* pela nobilíssima ciência e arte do '*quid pro quod*'.

3.2 Com David Ricardo o rigor acentua-se, e a serenidade e a concisão que lhe são próprias já se traduzem, em relação a Smith, numa passagem de uma *doutrina* para uma *teoria*, e do *discurso moralista* para uma *análise dedutiva* de lógica impecável, embora em extremo simplificada e simplificadora do "real racional" a que esta *«machina* *analytica»* quer aceder. E a resposta clássica a uma questão de sempre sem resposta inequívoca (o que é *um custo* e um *produto*?), sem mudar de sentido, vai revelar-se, agora, na sua verdadeira natureza ou carácter de uma questão *axiomática*, p. ex° neste passo vincadamente ricardiano, visivelmente *corrigindo* Smith:

> "Quando as produções anuais de um país mais do que substituem o seu consumo anual, diz-se que o seu capital aumentou; quando o seu consumo anual não é, pelo menos, substituído pela sua produção anual, diz-se que o seu capital diminuiu. O capital pode, portanto, ser aumentado por uma produção aumentada, ou por um consumo improdutivo diminuído. Se o consumo do governo, quando aumentado pelo lançamento de impostos adicionais, for compensado, quer por um aumento da produção, quer por uma diminuição do consumo por parte do povo, os impostos incidirão sobre o rendimento, e o capital nacional manter-se-á inalterado; mas se não houver aumento da produção ou diminuição do consumo improdutivo por parte do povo, os impostos incidirão sobre o capital, isto é, afectarão o fundo destinado ao consumo produtivo. É preciso entender que todas as produções de um país são consumidas; mas faz a maior diferença imaginável se elas são consumidas pelos que reproduzem, ou pelos que não reproduzem outro valor. Quando se diz que o rendimento é aforrado, e acrescentado ao capital, o que se quer dizer é que a porção do rendimento que se diz que acresce ao capital é consumida pelos trabalhadores produtivos em vez de o ser pelos trabalhadores improdutivos. Não pode haver erro maior que o de supor que o capital é aumentado pelo não consumo. Se o preço do trabalho subisse de tal modo que, não obstante o aumento do capital, mais ninguém pudesse empregar-se, diria que um tal aumento do capital seria ainda consumido improdutivamente".

> (Ricardo 1951 I, cap. VIII, '*On taxes*', §§ 3 e 4, pp 140-1 e nota)

3.3 Porém, por muito temperados (ou afinados) que tenham sido os instrumentos analíticos da escola clássica, como é patente, a escola propõe, explora e gere um tal «quadro económico» que, no seu seio, o *"estado* ou *governo"* não pode ter lugar senão *no fim* de tudo ou *«à margem»* de tudo, como *consumidor final.*

4. Para surpreender, contudo, esta figura do *"estado* ou *governo"* da perspectiva clássica e liberal é necessário frequentar um par de vultos, decerto secundários mas de enorme influência como divulgadores e *vulgarizadores* da *escola clássica britânica* e, ao mesmo tempo, já figurando na *transição* para o *marginalismo* que virá a seguir.

4.1 O primeiro deles — nada mais, nada menos que Jean-Baptiste Say, precisamente "o grande divulgador *e vulgarizador* de Adam Smith", segundo António Osório (²) —, embora *ainda* sinta necessidade de terçar armas contra os *fisiocratas* (*"economistas"* de antonomásia, como é sabido), surgindo mesmo como um «marginalista» *literalmente*, embora *'avant la lettre'* (*já* portador de toda a *ideologia*, só desprovido, ainda, do aparato «científico» de exactidão e de inteireza que terá seu início com o eng° de minas Léon Walras — ao importar, sem sombra de demora (*'Voilà!'*), para a *"economia política"* (como *ainda* lhe chama), a afortunada *«equação de Lagrange»* (cf, p. ex°, ALMEIDA 1989, § 9, pp 61-5) — e terá o seu fim com a espa(ve)ntosa *glosa marginal* de Alfred Marshall ao § V.IX.4 dos seus *Principles...* ("A *economia* aprende com a *física* a raciocinar sobre *elementos puros*, embora eles raramente ocorram isolados pela *natureza*"! *Sic* MARSHALL 1961 I, p 421, *à margem*). Mas voltemos a Say. Ei-lo, portanto, quotidiano, pernóstico, indiscreto e autocomplacente, como é seu timbre:

> "Se me alonguei um pouco sobre alguns impostos em particular, foi porque eles se ligam aos princípios gerais. *Estes princípios não são, de forma alguma* [*'ne sont point'*] *, fundados sobre vãs teorias, mas sobre a observação e a natureza das coisas.* É por os não compreender que se cometem importantes erros na prática, como [o da] Assembleia Constituinte, que levou *muito longe demais* [*'beaucoup trop loin'*] as contribuições directas e sobretudo a contribuição fundiária, em virtude deste princípio dos *economistas*, de que ela tinha as orelhas cheias, segundo o qual, vindo toda a riqueza da terra, todos os impostos [deviam recair] sobre ela [...]. No actual estado da economia política, a teoria fundamental do imposto deve, pelo contrário, segundo me parece, ser exprimida assim: O imposto é um valor fornecido pela sociedade, e que lhe não é restituído pelo consumo que dele se faz. *Ele custa à sociedade, não só os valores que faz entrar no tesouro, mas também os custos de arrecadação e os serviços pessoais que exige, assim como o valor dos produtos de que ele impede a criação* [!!!]. O *sacrifício*, voluntário ou forçado, resultante do imposto, afecta o *contribuinte* na sua qualidade de *produtor*, na medida em que altera os seus *lucros*, *quer dizer*, os seus *rendimentos*; e afecta-o na sua qualidade de *consumidor*, na medida em que aumenta as suas *despesas*, ao *encarecer* os produtos".

> (SAY 1861, § III.IX, pp 528-9; *grifei!!!*)

Na realidade, se o estilo é o homem, e se se chega a proceder a uma soma *ideológica* tão obtusa como aquela a que não resisti a pospor os três

---

(²) Ver o lugar de António Osório aludido no texto em ALMEIDA 1989, § 10, p 71.

pontos de admiração (de *exclamação*; mesmo *de espanto*, naquele caso!!!), a clareza peculiar deste extracto de Say é, na verdade, meridiana, e extensiva, para além das suas letra e lógica indigentes, a todos os *liberais*: numa palavra, o *estado* é o *imposto*, e o imposto um (*triplo!*) *mal*.

4.2 É, no entanto, preciso esperar pelos *Principles*... do competente e esquivo *lógico* que é John S. Mill para vermos retratada, de uma *maneira maneirista*, a perspectiva *clássica* sobre o *"estado* ou *governo"* e, *futuristamente*, a perspectiva *marginalista* sobre essa mesma denunciada «monstruosidade *lógica*», e entrever, aliás *distintamente*, os juízos de valor (razões de *dever ser*) comuns a ambas as escolas:

> "A grande maioria das coisas é mais mal feita por *intervenção* [*sic*] do governo do que os particulares *especialmente interessados* ['*most interested*'] na matéria o fariam, ou fariam fazer, se deixadas a seu cargo [...]. É evidente, mesmo à primeira vista, que a forma autoritária da intervenção do governo tem uma esfera de acção legítima muito mais limitada do que a dos outros [...]. Uma segunda objecção geral à acção do governo é a de que qualquer aumento das *funções* atribuídas ao governo constitui um aumento do seu poder, quer na forma da autoridade, quer, ainda mais, na forma indirecta do poder de influência [...]. Uma terceira objecção geral à acção do governo é baseada no princípio da *divisão do trabalho*. Cada *função* adicional desempenhada pelo governo é mais uma tarefa posta a cargo de um corpo já sobrecarregado com deveres [...]. Reservei para o fim uma das razões mais fortes contra o aumento da actuação do governo. Mesmo que o governo conseguisse abarcar as mais eminentes capacidades intelectuais e os mais activos talentos da nação, ainda assim não seria menos desejável que a condução de uma larga parcela dos negócios fosse deixada nas mãos das pessoas *imediatamente interessadas* neles.
>
> *Em suma, o 'Laissez-faire' deve constituir a prática geral: cada excepção, salvo sendo requerida por algum grande bem, é um mal seguro* ['*Laissez-faire*', *in short, should be the general practice: every departure from it, unless required by some great good, is a certain evil*]".

> (MILL 1929, §§ V.IX.5-7, pp 947-50; *grifei*)

A mensagem é clara e não incoerente, e vale todo um discurso, que se adivinha, sobre a implícita «filosofia moral» de um *liberalismo* reiterado, *comum de dois*: «classico» *proprio sensu*; «clássico», ainda, por futuro «solecismo» keynesiano, aliás com verdade sob esta espécie: «clássico» e «*neo*-clássico», i. e., *marginalista*.

4.3 Resta conferir, rapidamente, a posição do par de vultos mais influente do que é, ainda hoje, a tal «corrente dominante»: nomeadamente, Marshall, Pareto e, secundariamente, a multidão indiscernível dos «seus sequazes», na expressão forte de Joseph A. Schumpeter, sábio entre os sábios economistas, que rendeu aos primeiros a mais ambígua das homenagens, o mais volátil dos tributos, o mais equívoco dos elogios cujo registo aqui nos fica em tradução literal, com todos e por todos, sem outros comentários nem quaisquer outras excrescências:

> "Não há, por um lado, capítulo algum de teoria geral que possa comparar-se, em rigor de argumento ou elegância de exposição, ao tratamento, por Cournot-Marshall-Edgeworth-Amoroso, do caso de um monopolista lidando com uma multidão perfeitamente competitiva no lado oposto do mercado. Mas também não há, por outro lado, capítulo algum tão cheio de controvérsia inconclusiva e de incerteza de resultados como o do tratamento de todos os casos que cobrem a totalidade dos fenómenos entre os casos-limites da concorrência perfeita e do monopólio «puro», i. e. praticamente todo o conjunto da realidade dos mercados. [...]
>
> Acredito que já passou o perigo, tanto de estagnação como de, em vista disso mesmo, se perder tempo e esforço numa luta desnecessária e estéril pró ou contra os «novos programas» de todas as espécies. A maioria de nós está a atingir um estado de espírito igualmente distante do αὐτός ἔφατ ΄ [o «tocar sempre o mesmo»] ([3]) e da mudança permanente do chão debaixo dos nossos pés: A maioria de nós está preparada para usar os instrumentos que nos foram transmitidos, e para aceitar a situação de eles se transformarem ao ser usados. O crédito por isso cabe, antes de tudo, aos próprios Marshall e Pareto, cuja verdadeira grandeza consiste em sempre terem visado objectivos fora do seu alcance ['*in always having pointed to goals beyond their own realm*'!]".

(SCHUMPETER 1930, pp viii-ix)

4.3.1 No continente europeu e, em geral, no por então largo domínio dos leitores do francês, a nova escola foi sucessivamente encabeçada pelo francês Léon Walras e pelo italiano Vilfredo Pareto, seu sucessor na cadeira de Economia Política da Faculdade de Direito de Lausanne. Ambos, como é sabido, foram cultores da «economia *pura*», e se empenharam em expungir o seu discurso «cientifico» das «impurezas» representadas por ingredientes «doutrinais» ou «datados», «institucionais» ou «históricos», i. e., marcados pela *contingência* (embora *estrutural*): ao passo que o

---

([3]) Lido como «αὖτος ἐφάπτω», com a tradução que segue, entre colchetes, à forma original, que exactamente se conservou no texto.

primeiro, cultor emérito do "equilíbrio *geral"*, *exterminou*, da sua «*machina analytica*» para o remanso da sua «economia *social*», tudo o que fosse «*des*equilíbrio» e, assim, respeitasse ao *espaço lógico* do *"estado* ou *governo"*, sob as espécies «*estabilização*» e «*redistribuição*» que constituem, precisamente, os dois novos *agenda* do «estado *social*», igualmente o segundo *eliminou*, para o inferno paralelo da sua «*sociologia*», os mesmos elementos de um real *bom* que fosse empreendido para prevalecer sobre o seu *óptimo* imaginário, aliás estritamente *conservador* e *panglossiano* de raiz.

4.3.2 No hemisfério próprio da então futura e hoje corrente *língua franca*, então em vésperas de expansão, ao cerca de quarto de século (entre 1848[1] e 1871[7], em relação aos *Principles*... de Mill) que durou o reinado do duradouro e insípido composto que foi o *extracto aguado* de *"Milk and Water"*, servido a todas as refeições no comum das escolas de expressão inglesa (cf ALMEIDA 1989, *Apêndice* II, especialmente o § 6 e a nota 9), viria a suceder o contado trinténio (de 1890[1] a 1920[8]) de indisputado império dos *Principles*... de Marshall, o influente manualista de quem a lucidez insuperável de Joan Robinson prezava o intelecto, porém não o carácter (*'The more I learn about economics the more I admire Marshall's intelect and the less I like his character'*: ROBINSON 1978b, p 141). Nele, o estado está ausente, salvo por *pièces détachées*, para sofrer, de novo, a acusação universal de «estragar tudo» ao «intervir»; e ainda mais ausente ele se vai tornar, após Pigou haver esvaziado de "história, de leis e convenções" o seu sistema de "equilíbrio *especial"*, já menos exigente que a «*machina analytica*» walrasiana: como podia ser de maneira diferente no seio da grande cooperativa de gémeos univitelinos permutadores de *quid pro quod* em espécie que é esse mundo das «*económicas*» *sans mot* desses últimos tempos?

> "Lado a lado com o sistema pigouano, a herança de Walras tinha sido muito elaborada; na sua esfera, a especificação do carácter da economia vem a tornar-se, não propriamente irreal, mas sim inexistente. Por vezes, parece não haver gente nenhuma no mercado — apenas se mencionam preços e quantidades de mercadorias. Por vezes, cada indivíduo tem o seu próprio acervo, quer de força de trabalho, quer de meios materiais de produção, de modo que essa sociedade consiste em certo número de Robinsons Crusoes vivendo lado a lado e permutando os seus produtos. Por vezes, parece estarmos num mundo de Adam Smith, em que um homem (evidentemente, um homem de meios) apelasse para o interesse egoísta do padeiro e do cervejeiro para obter o seu jantar. Mas,

então, estamos de novo perante uma sociedade representada como uma pura cooperativa, sem distinção de classes ou de ocupações. A sociedade aforra, [...] e a sociedade desfruta o benefício do aumento de rendimento proporcionado pela acumulação".

(ROBINSON 1978a, § 12.4, 'History versus equilibrium', pp 132-3)

Nessa *Youkali* insinuante ([4]), surpreendetemente alcandorada à *dimensão* «universal» de uma metáfora do planeta, tudo está bem; tudo está calmo, e em *perpétuo equilíbrio* — não há, portanto, que *estabilizar*; todos desfrutam do que *merecem* — não há, portanto, que *redistribuir*. E que faria, então, neste arremedo de paraíso, perpétuo e automático, o serpentino estado? Limitar-se-ia, como se alega que sucede *no mundo*, a *perturbar* a *harmonia preordenada* do mundo dos negócios!

4.4 E, deste modo, em ambos os possíveis sentidos do abusado vocábulo *«clássicos»* — desde o sentido *«clássico»* e próprio ao alcance interesseiro do assumido *«solecismo»* de Keynes; descontando, porém, uma diferença radical, entre o *indesejável* da perspectiva "clássica *proprio sensu*" e o *impossível* marginalista de proceder diferentemente —, é sempre adequado (aliás em *conteúdo*, tal como em *entidade*), quer no que toca a uns, quer no que toca a outros, concluir, com o Professor Almeida Garrett, que

> 'A actuação pública foi largamente tratada pelos *clássicos* como um *elemento exógeno* ao sistema global e coerente [dos] mecanismos económicos fundamentais, baseados nos princípios do interesse pessoal e da liberdade dos consequentes comportamentos. Assim se explicaria que esses fenómenos e os mecanismos do mercado ficassem a constituir o

---

([4]) "Youkali" *surge* como uma ilhota *localizada* "no fim do mundo" (ou «*à margem*» deste mundo...), segundo a letra escrita por Déral & Fernay e a música composta (como *«tango-habanera»*) por Kurt Weill, em 1933, numa paragem em Paris durante a sua longa e acidentada fuga ao nazismo, e é descrita como segue: '*L'île est très petite,/ Mais la fée qui l'habite/ Gentiment nous invite/ À lui rendre visite./Youkali, c'est le pays de nos désirs./ Youkali, c'est le bonheur, c'est le plaisir./* [...] *Youkali, c'est le respect de tous les vœux échangés,/* [...] *La délivrance que nous attendons tous pour demain.../* [...] *Mais c'est un rêve, une folie!/ Il n'y a pas de Youkali...*'. (NOTA ERUDITA, a (des)propósito: *Existe, realmente,* um efectivo *parónimo* e *antónimo* do nome atribuído à ilhota *inventada*: é 'Ucayali', rio *real* do Peru, com cerca de 1 600 km de extensão, aliás uma das fontes do maior rio do mundo: o *Amazonas*, das «pororocas»...).

tema fulcral da análise económica, enquanto aqueles outros fenómenos relativos às receitas e despesas do Estado, unificados pela referência básica ao seu orçamento, formariam o objecto da análise financeira. O grande interesse que esta análise mereceu dos clássicos nada tem a ver com essa cisão, em dois, dos temas de estudo de âmbito económico: como repetidamente se tem dito [...], a cobrança de receitas públicas (sobretudo impostos) representava a introdução de um *elemento* — o financeiro — *perturbador* do funcionamento normal (espontâneo, automático) da economia, nomeadamente dos seus sistemas de preços, de afectação de recursos e de distribuição dos rendimentos. Os temas referidos constituiriam a análise da Economia, porque esta devia ter por objecto o estudo do funcionamento da economia de mercado, auto-regulado por mecanismos naturais (espontâneos, automáticos). Os fenómenos perturbadores, resultantes das aplicações de outra lógica que não a do mercado, estavam fora dessa economia auto-regulada, e deveriam ser objecto de um estudo específico — o das Finanças Públicas'.

(ALMEIDA GARRETT 1989, § 7.1, pp 47-8 e nota; *grifei*)

Sendo, portanto, a *Economia política*, segundo o credo *marginalista*, a «ciência da troca», olhando pelo *paraíso*, perpétuo e automático, do *quid pro quod*, cabe a *outra* ciência, a «*Sciencia das Finanças*» ou as *Finanças públicas*, olhar sobre o «*Estado*», «que dispõe dos *impostos*» e reina, deste modo, segundo o *ius imperii*, num outro *semicírculo*, ou talvez *hemis*fério, que é o *inferno* da *coacção*: dois mundos divergentes, *sectorialmente (materialmente!)* separados; limítrofes, porém — «*infeliz- mente*», se diria... —, como *sectores* que são de um anónimo *círculo* ou *esfera* terrestre.

4.5.1 E, curiosamente, aquele quadro vai tornar-se comum aos promotores da "síntese *neo*clássica" (desde J. R. Hicks e Paul. A. Samuelson) e à esmagadora maioria dos seus cultores, até aos dias de hoje, com o selo genérico da *integração* da nova e renovada *macro*economia keynesiana no paradigma "clássico" por assumido «solecismo» do próprio Keynes, selado, este, com a feição ou gesto irremissivelmente *micro*analítico da resistente «*corrente dominante*». Desta maneira, uma vez mais *paradoxalmente*, o (aliás irredutível) "*macro*decisor" que é este nosso "*estado* ou *governo*", o "**operador G**", nos surge, a um tempo, como desajeitado mas bom *gigante* (de qualquer modo, um «altruísta» por alegada impossibilidade *psicofisiológica* de não o ser...) e como mero e muito ténue elo de ligação implícita entre o "**operador E**" e o "**operador F**", ambos os «*agregados*» (agora, *proprio sensu*), estes representando o *único* universo dos *numerosos* produtores e *numerosos* consumidores privados, com quem em vão se esperava que o *"estado* ou *governo"* compartilhasse o *espaço lógico*, dentro da nova e renovada perspectiva analítica ([5])!

E, na verdade, até em tempos irremissivelmente após-keynesianos, entre os vários cultores, mais ou menos *fiéis*, da *fé* ou credo *marginalista*, no seu discurso tipicamente marshalliano, elaborado por «aproximações sucessivas» — cómodas sempre, até por serem susceptíveis fazer o papel de "gás lacrimogéneo" (na expressão de Joan Robinson) para distrair os catecúmenos da ocorrência de falhas de ligação lógica entre os estádios sucessivos do discurso didáctico que lhes é propinado... —, o *"estado* ou *governo"*, sempre, alegadamente, *pesado e importuno*, vem, no entanto, a primar pela *ausência* ou a tornar-se *evanescente*, sendo expurgado das simplicíssimas *«figuras»* elaboradas para *marcar*, *impressionar* ou *imprimir* (em sentido *carnal*, quer *teológico*, quer *etológico*) a *mente* dos leitores à «vista desarmada», aliás servidas ou ministradas sem qualquer *sequência* nas «aproximações sucessivas» *seguintes*!

É o que sucede, p. ex°, desde os dois *diagramas sagitais* extremamente simplificados que exornam os §§ 3 e 4 da celebrada «estrutura social» (*'The social framework'*) de J. R. Hicks, desde a 1ª edição (1942) até, pelo menos, à mais recente das que posso conferir (a 4ª edição, de 1971), com o primeiro deles, que aqui se reproduz,

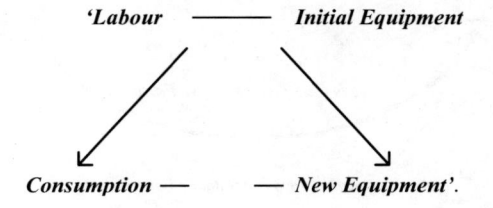

e que ali surge acompanhado pela notinha, obviamente imerecida, de que "a classificação exposta neste quadro é de importância fundamental para

---

([5]) Mesmo os (neo-)liberais de formação keynesiana são usualmente presa de um *paradoxo* que a sua fé na «*síntese* neoclássica» lhes não permite resolver: Se, por um lado, por manifesta falta de reflexão, não alcançam libertar-se de uma implícita consideração, de presumida ordem «keynesiana», do *"estado* ou *governo"* como um *arcanjo*, i. e. um forçoso ou forçado *altruísta* a quem apenas competiria *fazer o bem*, por alegada impossibilidade *"fisio-psíquica"* de se portar como *egoísta*, a sua mesma fé nos «*clássicos keynesianos*» vai conduzi-los, *"ao mesmo tempo e sob o mesmo aspecto"* (cf o § 1), a *contemplar* essa mesma entidade como um *intruso* no *território* da *Economia*, como alegada *propriedade* da '*société civile*' ou '*bürgerliche Gesellschaft*', «*diabolizando*», pois, *literalmente* o *"estado* ou *governo"*, dado «Διά βολος, ~ov» significar, *literalmente*, precisamente *"intrometido"*...

o total da parte da economia que estudaremos neste livro" — e isto numa obra em que o *"estado ou governo"*, como uma tia da província de uma comédia de situação, só aparece perto do fim (no cap. XIII, após a introdução do tradicionalmente *derradeiro* "sector *Resto do Mundo"*, imediatamente antes do ajuste de contas *final* com os dados britânicos); e é também o que sucede com o *"circuito económico"* (note-se bem: uma entidade ou entículo peculiar e privativo de uma análise *macro*económica) — segundo um velho diagrama de *imitação electrotécnica* que, aliás, se não ergue à condição de uma metáfora, dado faltar-lhe, patentemente, a menor margem de *conversão* teórica ('*Umformung*') —, como o que vem representado nas *«Public Finances»* de BUCHANAN & FLOWERS 1980, cuja figura "**1-1**", que aqui se reproduz também ([6]),

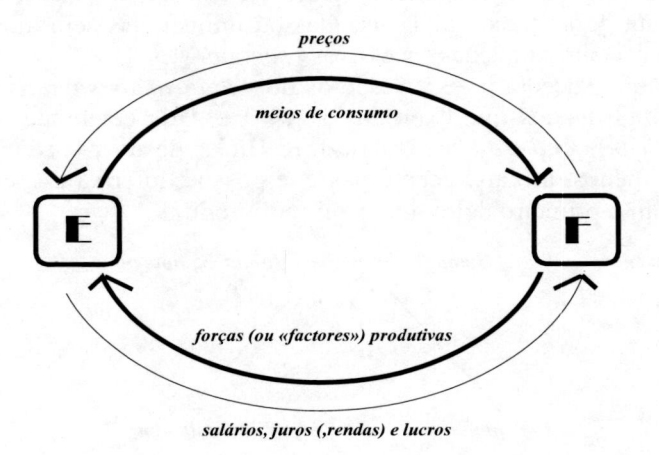

O *"circuito económico"* num *"estado isolado"*... <u>sem</u> o *"estado"*,

de todo exclui o *"estado ou governo"*, sem sequência alguma em que o banido dado de um problema deixado implícito recuperasse o seu lugar,

---

([6]) Diferentemente do que sucede com a anterior, esta figura não é uma mera reprodução; por um lado, é um «mapa» «mais falante» ou «menos *mudo*» do que a seu congénere de BUCHANAN & FLOWERS; por outro lado, não se sentiu necessidade de se insultar a inteligência dos estudantes com pleonasmos como os que exornam ambos os *«polos»* do simplicíssimo *«circuito»*: em BUCHANAN & FLOWERS, com as legendas *"Private families"* (como se houvesse o perigo de alguém supor existirem também "famílias *públicas"*), e *"Business enterprises"* (como se houvesse o perigo de alguém supor existirem também "empresas de *ócios"*, i. e., não de *"negócios"*)!

contra, o que ocorre, não raramente (aliás, num mau momento, «logicamente posterior») mediante a inserção de um *terceiro* "pólo" no «circuito económico», dando qualquer razão de uma presença visivelmente incómoda — a do "operador G", agora *intrometido* (cf a nota 4) no anterior duplo circuito bipolar:

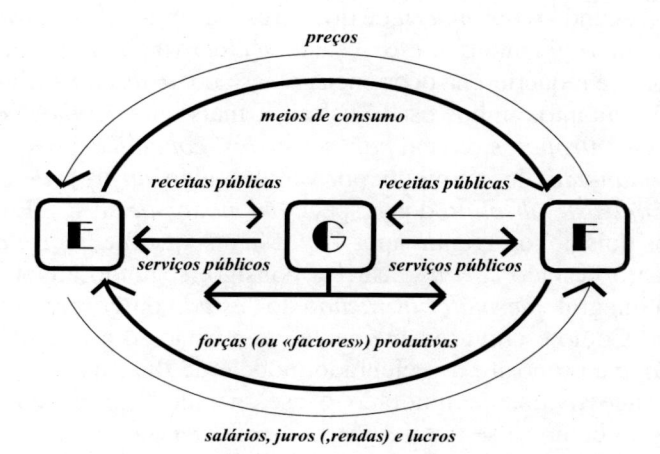

preços

meios de consumo

receitas públicas   *receitas públicas*

E   **G**   **F**

serviços públicos   *serviços públicos*

forças (ou «factores») produtivas

salários, juros (,rendas) e lucros

O *"circuito económico"* num *"estado isolado"*, <u>com</u> o *"estado"*.

4.5.2 Para concluir o tratamento deste problema preliminar, daremos a palavra a um, apenas, dos mestres financistas representantes da *nova tradição*:

'Depois de Robbins (*An Essay on the Nature and Significance of Economic Science*, Macmillan, Londres, cuja 2ª ed. é de 1935), o objecto que correntemente se atribui à Economia Política é o estudo da utilização dos bens escassos, susceptíveis de emprego alternativo, na satisfação de necessidades de desigual importância. Trata-se de um objecto, porém, não só muito extenso, mas abrangendo fenómenos bastante diferentes: os fenómenos da Economia individual, isto é, da economia do homem isolado; os fenómenos da Economia Política, isto é, da economia dos homens em relações de troca; os fenómenos da Economia estadual, isto é, dos homens em relações de coacção. Por isso é que atribuímos às Finanças Públicas objecto diverso do da Economia Política. Ver, para maiores e mais precisos desenvolvimentos, Teixeira Ribeiro, *Objecto da Economia Política*, no *Boletim de Ciências Económicas*, vol. XXIII (1980), págs. 155 e segs.'.

(Teixeira Ribeiro 1995, *Introdução*, §2.*a*, em nota 1 à p 36)

Com inegável coerência, o autor procede, pois, à já referida (e irrecorrível) partição *sectorial* da *esfera marginal* no aludido *par* de *hemisférios*: o *da «economia política»* (ou seja, o *paraíso* das *«relações de troca»*: do *«quid pro quod»*, lidando em concorrência *mais que perfeita*) e o das *«finanças públicas»* (ou seja, o *inferno* da *«coacção»*), no qual *impera, literalmente* (segundo o *ius imperii* de que reveste a singular *toga praetexta*), o *aliás boníssimo* gigante que é o «estado *social*» (mais própria e extensamente, como é requerido na ocorrência, o «estado *de direito* social»).

E, no entanto, ambos os *hemisférios*, mais que *vizinhos* certamente *forçados* e *contrafeitos*, vivem *paredes meias, comunicam* e *«trocam»* de modo *permanente* (de um modo, por ventura, algo *surpreendente*, dado o alegado *contraste absoluto* dos respectivos *modos de ser...*). E o cumprimento dos dois novos *agenda* após-keynesianos que lhe *imprimem carácter* enquanto «estado *social*» acarreta consigo, segundo aquela perspectiva, uma integral *«desmaterialização»* do "*estado* ou *governo*" realmente espantosa! Como escrevi recentemente em relação ao primeiro de *ambos* os *agenda*, e a propósito do celebrado modelo de BEHERENS & SMOLENSKY 1973, o sucessivamente ignorado e escarnecido "*estado* ou *governo*" ocorre agora como se se tratase de um mero "*véu* ou *membrana* perfeitamente permeável à *osmose*, um simples *meio*, neutral e *não custoso*, por que *perpassam* as *transferências*" (cf ALMEIDA 1995, em conclusão do § 6, pp 125-6), quer elas sejam puras e simples, quer se apresentem «materializadas» em *«compras»* aos empresários de meios de produção, em termos do que Dennis H. Robertson apelidava de "investimento honorário", o que talvez melhor convenha, em linha de princípio, ao *agendum* segundo, da "*estabilização*" ([7]):

([7]) É evidente que não ajuda nada a melhorar esta visão, hoje «tradicional», do "*estado* ou *governo*", e a obter, em seu lugar, uma outra visão, não ideológica, dessa entidade, a circunstância de a contabilidade social haver sido vazada sobre a privada *sub specie «liberale»*, sendo, segundo ela, o "operador G" como que "a tampa de uma caixa" constituída pelas contas do sector privado, segundo a qual, p. exº, ao adquirir o estado aos empresários os meios de produção, essa despesa pública é classificada como "despesa *efectiva*", por esses meios não terem «valor de exploração»; e vice-versa, ao (re)vender tais meios. Não é isto uma queixa, note-se bem, sobre o carácter e este aspecto da metodologia contabilística introduzida, a bem dizer, com os próprios *White papers* britânicos originários, de James Meade & Richard Stone; pelo contrário, o mais que se requer de uma metodologia daquela ordem é que ela seja clara *e invariável*, no *espaço* e no *tempo*, para bem facultar aquilo a que ela vem: permitir os confrontos, no *espaço* e no *tempo*, dos dados recolhidos para e segundo ela. Mas é indubitável que a distorção ideológica que lhe preside se comunica *retroactivamente* a toda a *teoria* «substantiva» localizada nas «imediações»...

Ante uma concha vaga ou máscara vazia como a que vimos que os tratamentos convencionais anuem, relutantes, a emprestar ao *"estado ou governo"* num último momento, uma primeira reacção de quem por ela perpassar de olhos abertos não poderia deixar de ser a mesma da raposa perplexa da velha fábula de Esopo latinizada das colectâneas escolares:

> *Personam tragicam*
> *Forte vulpes videret.*
> *O quanta species!*
> *Cerebrum non habet...*

E, no entanto, ambos os *hemi*sférios, mais que *vizinhos* talvez *forçados*, e conviventes talvez *forçados*, têm, por certo, como comum *miolo* de uma alegada *concha* diferente, igual *recheio* de *humanidade*, e ser da «função pública» (enquanto *funcionário público*, ou como *órgão* ou *agente* do *"estado* ou *governo"*) não poderia constituir, em relação ao egoísmo puro daqueles móbeis que se traduzem pelos "vícios privados" das *numerosas* personagens do *outro* "*sub*mundo" (ou '*demi* monde'), *via de salvação!*

5. E assim se vai, ao que se espera, neste ponto em que estamos do presente discurso, como que *revelando*, i. e., assim se vai tornando patente *ad oculos* — para os que não prefiram, por «imperativo categórico» (de *razão prática*, portanto, furtiva embora: pretensamente kantiana), desviar os seus olhos —, que o *"estado ou governo"* só será *perceptível*, como sujeito da *Economia Pública* (mais amplamente, de toda uma *Economia Política*, *integral* e *integrada*) que seja concebida segundo uma perspectiva *macro*analítica, alicerçada nos antípodas do paradigma *marginalista* (sem excluir, é claro, a celebrada *"síntese neo*clássica" de, antes de todos, Hicks e Samuelson), irreversivelmente *micro*analítico, em que o *macro*decisor *irredutível* que é o *"estado ou governo"* seja *visível, descortinável*; mais do que isso (como diz Sraffa noutro contexto, sobre entidades "marginais", como veremos no final), no qual o *"estado ou governo"* *consiga estar presente*, para que, desde logo, *possa ser encontrado*, o que só pode suceder se o *hemi*sfério dos sujeitos privados se situar, *analiticamente*, algures no *intervalo aberto* entre ambos os *extremos* que se traduzem pelos conceitos de *«concorrência pura e perfeita»* e *«monopólio puro»* como *caso-limites* inteiramente destituídos de relevo *per se* ([8]).

---

[8] O *radical* carácter da exigida *mutação de perspectiva* vai atingir a própria *superfície aparente* desta questão *de fundo*. Em português corrente, denota-se o *estado* (de *coisas* e de *espírito*) que constitui o *espaço lógico* da *Economia Política* por

Só tendo, pois, abandonado o culto (aliás, muito desigualmente) prestado a ambos os *extremos* de um intervalo, então *fechado*, da concorrência *pura* ao monopólio *puro*, se pode abrir ou predispor um *espaço lógico* à *actuação* (e à mera *presença*) do nosso, pelos vistos, esquivo e perturbante novo sujeito que é esse mesmo e *inevitável* dito *"estado* ou *governo"*, ou o também chamado "operador G", o *"macrodecisor" por excelência*, dado que o é de modo *irredutível* — como *conjunto indissolúvel* e (aliás, *única*) *unidade estratégica* —, e não um *«agregado»*, então *«desagregável»* mediante simples *retroacção*, pois só dessa maneira — tendo reconhecido e modulando agora *imperfeições* da *concorrência*, e de cariz *monopolista*, portanto *além* do «limite *à esquerda»*; também, contudo, *aquém* do «limite *à direita»* do referido «intervalo» que é o *monopólio puro e simples* — ocorre e urge *estabilizar* e *redistribuir*.

5.1 Também aqui, no que respeita ao nosso século, que agora finda, tudo parece ter começado com Piero Sraffa e o seu artigo revolucionário de 26, com o sistema da sistemática *imperfeição monopolista* da concorrência, como sabemos hoje extremamente fértil de consequências.

É certo que, desde bem cedo no século XIX (desde mais de um trinténio antes da descoberta, praticamente simultânea, por W. S. Jevons, L. Walras e C. Menger, do princípio de arranque da concepção marginalista), já o matemático francês Augustin Cournot ([9]) havia posto

---

tradução *literal* do *francês* '*concurrence*'; passando a operar *além* e *aquém* de ambos os *limites* do *intervalo aberto* constituído pela referida *«concorrência* pura e *perfeita»* (*à esquerda*, digamos, no suposto *grau zero* de um tal *"poder de monopólio"*) e pelo *«monopólio puro»* (*à direita*, digamos, ora na plenitude dos «100 %» daquele mesmo *"poder de monopólio"*, tido por Edgeworth como o reino do *caos*, não obstante a subsistência, como limite dos limites, do "teorema de Cournot"), deveremos preferir, por imperativo de *«razão pura»* (por razões óbvias que virão a seguir), a tradução *literal* do *inglês* '*competition*' — com a felicidade de, quer num caso, quer noutro, se tratar sempre da importação de dois vocábulos constituídos por *radicais latinos* para o seio abrangente de uma reconhecida (aliás, conservadora) língua *neolatina*...

([9]) Sem esquecer os, pelos vistos, infelizmente prematuros contributos de Augustin Cournot (1838) e de Joseph Bertrand (1883, ao criticar o crucial defeito da obra de Cournot: a fixidez, esterilmente postulada *ab initio*, da quotaparte da oferta de ambos os duopolistas competidores pelo mercado), tudo, de facto, parece ter (re)começado, entre os economistas, pelo artigo de Sraffa, logo seguido por HOTELLING 1929 e ZEUTHEN 1930 e 1933 (que expressamente se lhe referem, como veremos a seguir), e por ROBINSON 1933 (concorrência *imperfeita*, sem *"atomismo* do mercado")) e CHAMBERLIN 1933 (concorrência *monopolista*, sem *"homogeneidade* dos «bens»" a

em causa, não só a verosimilhança do quadro da «concorrência pura e perfeita» como "espelho do mundo" da produção capitalista, como a própria coerência do postulado com a mais importante das outras peças da axiomática (a ideia de *"equilíbrio* a *longo prazo"*) de todo e qualquer modelo que *compreenda* a *'concurrence indéfinie'*, conforme consta do seu célebre «dilema»,

> 'que poderá enunciar-se assim: Se houver empresas a produzir a custos (marginais) decrescentes («rendimentos crescentes»), não pode haver equilíbrio a longo prazo («de período longo») em concorrência perfeita; se houver equilíbrio a longo prazo em concorrência perfeita, não podem existir empresas com custos (marginais) decrescentes («rendimentos crescentes»). Como, porém, *na realidade* se verifica a ocorrência desse tipo de (curvas de) custos (ou «rendimentos»), ou se elimina o equilíbrio, ou se elimina a concorrência perfeita: foi o que sugeriu Cournot, ao abandonar a "concurrence *indéfinie"* e admitir a imperfeição da existência de um *"grau de monopólio"*. "É esta a linha explorada, em larga medida, por pioneiros tais como Sraffa, Shove, Harrod, Joan Robinson e Chamberlin [cf Newman 1960, secção II, pp 588-9] e prosseguida pelas indagações de Abba P. Lerner e J. T. Dunlop, precisamente sobre esse *"grau de* monopólio". Porém, a concorrência "pura e perfeita" fazia parte da própria base (ideo)lógica da teoria marginalista; daí, p. ex°, a resistência de Marshall a Cournot'.

> (Almeida 1989, § 12, pp 124-6; cf também as notas 87 a 90)

Segundo o breve e excelente resumo de Sraffa 1926 da autoria, precisamente, de Frederik Zeuthen (um dos primeiros autores, junto com Harold Hotelling, a introduzir a necessária *mutação analítica*, no sentido indicado),

> "Como Sraffa, podemos considerar uma dada mercadoria como constituindo a soma de uma mercadoria competitiva mais geral e de uma mercadoria absolutamente monopolizada, combinadas por uma procura unificada, sendo a mercadoria competitiva p. ex° um chapéu, mais uma marca de qualidade monopolizada";

> (Zeuthen 1930, § II.3, p 34)

«permutar»), passando pelo abandono dos anteriores "modelos de um só tiro" (*'one shot models'*), e até desembocar na teoria dos *jogos estratégicos*, elaborada a partir de J. v. Neumann & I. Morgenstern (1944) e que hoje ocupa, não sem algum desassossego, o andar nobre do novo cânone da profissão. Veja-se, sobre o tema, desde as origens até à actualidade, o excelente Friedman 1983, a quem pertence a expressão por último *grifada*.

ou, se quisermos hoje, uma camisa vulgar de malha com um crocodilo esverdeado e curvo, em forma de marmota, mordendo, sem remorsos, o suculento mamilo esquerdo do feliz portador...

É este, pois, o novo e bem diverso *espaço lógico*, referente a um novo e bem diverso *"quadro económico do mundo"*, logicamente *macro*-analítico e axiomaticamente muito mais verosímil, em que o "operador G" pode, por fim, lograr *visibilidade*.

5.2 Eis o passo seguinte: dando, de novo, voz a um conhecido mestre de Coimbra, precisamente na véspera ou na fronteira da questão que hoje nos propusemos dilucidar, não poderemos deixar de concordar com ele em relação aos *pressupostos*:

> 'O Estado tem as suas finanças porque precisa de fazer despesas com a produção de bens. Mas os bens são coisas úteis, são objectos do mundo externo considerados aptos para a satisfação de necessidades. Por conseguinte, se o Estado tem as suas finanças, e se as tem em virtude de despesas com a produção de bens, é porque as finanças se destinam a satisfazer necessidades.
>
> Simplesmente, as necessidades que o Estado satisfaz não podem ser dele próprio, pois as necessidades são desejos insatisfeitos, e o Estado não é um *indivíduo*, mas uma colectividade de indivíduos, e, como tal, *não tem conteúdo psíquico, não pensa nem sente*, e portanto não pode ter *desejos*. Desejos, só os indivíduos podem tê-los. Daí que essas necessidades, apesar de satisfeitas pelo Estado, tenham de ser *necessidades de indivíduos*'.

> (Teixeira Ribeiro 1995, *Introdução*, §1.*a*, pp 19-20; *grifei*)

Se alguém pensa e expõe tão claramente os *pressupostos* do problema e, no entanto, por um «infinitésimo», nos parece deter-se como que *à margem* do problema, *aquém* do limiar da óbvia solução, o mal é inerente ao cânone adoptado, e não do seu cultor: é mal da luz que se projecta, dificilmente, da lamparina gasta de uma *caverna* escurecida, e não dos olhos penetrantes de quem escreve e lê com a clareza proverbial que aqui, de novo, nos esclarece sobre o momento lógico sobre que incide o foco de toda esta questão!

6. E assim se repara, com novos olhos e estranha surpresa, em algo quase evidente, não foram os antolhos e o véu criado, sobre a realidade *crua*, pela ideologia *recozida* de um liberalismo impregnado de *dever ser*, ao observar o mundo, não já como ele ocorre, porém segundo a *conversão reversa*, *doutrinal* e *teórica*, de um *dever ser* em s*er derivado* do *dever ser*!

6.1 Algo existe, contudo, que será evidente para os muitos muito ingénuos e para muito poucos sábios — aliás algo de muito conhecido e bem documentado na cultura europeia, desde as suas raízes aos frutos mais cediços do século que falece; nomeadamente, uma *visão* ou *concepção* da *vida* como actuação de *móbeis* (motivos impulsivos) universais e de *respostas* a *estímulos*, segundo os vários *programas* dos vários seres, desde a ideia de *órexis* (ὄρεξις) de Aristóteles (que distinguiu entre νοῦ῀ς, o *entendimento*, e ὄρεξις, o *apetite*), o *apetite* ou *ímpeto* ou, ainda, o *esforço* que os escolásticos traduziriam por *appetitus* (o *"acto de apetite"*, com inclusão do *appetitus societatis*, sabidamente aristotélico) e a ideia de *hormé* (ὁρμή) dos estóicos (assim, p. ex°, em Diógenes Laércio, VII.85), significando o *instinto*, que os escolásticos traduziriam por *conatus*, o instinto ou a *"tendência de todo o ser para a conservação"*, sendo que "a própria natureza começou por existir por um acto de *conatus*" que, conforme a concepção de Vico (*ap.* ABBAGNANO 1970, *s. voc. "conato"*([10])), constituiria a própria "natureza *in fieri*, pronta a chegar à existência".

6.2 A ideia viria a ser ampliada, aplicada e difundida por Thomas Hobbes, no seu tratado da *Natureza humana*, "principalmente em sentido *mecânico*" (cf, p. ex°, *Hum. nat.*, § XII. 5; HOBBES 19..., p 87), até constituir o "movimento no espaço e no tempo menor do que qualquer espaço e tempo dado" (cf, p. ex°, FERRATER MORA 1994, *s. voc. "conato"*), com uma deixa óbvia para a sua «tradução» em termos do *cálculo infinitesimal* de Leibniz e Descartes, de conhecida refracção *marginalista*, mas seria *encarnada*, como que *radicada*, pelo autor, directamente quanto ao *hemi*sfério próprio das *ciências* sociais e da *realidade* social, já, claramente, no seu *De corpore politico* (p. ex°, no § IV.14 ([11])) e, expressamente, quanto ao *lugar do "estado* ou *governo"*, que especial-

---

([10]) Sobre toda esta tentativa de síntese, podem colher-se (verificar-se) rapidamente informações, não de todo sumárias, nos conhecidos dicionários de filosofia ABBAGNANO 1970 e, talvez sobretudo, FERRATER MORA 1994, principalmente *s. voc. "apetite"* (*"apetito"*) e *"conato"* (e respectivas remissões), e ainda *ad nom.* das personalidades aludidas no texto.

([11]) "Todo o homem pela paixão natural chama *«bem»* ao que lhe agrada no presente ou para um futuro que ele pode prever e da mesma maneira chama *«mal»* ao que lhe desagrada. E, pois, aquele que prevê *todos os meios de se conservar* (*que é o fim que toda a gente por natureza pretende atingir*) deve também chamar-lhes bem e ao contrário chamar mal. E é isso o bem e o mal, não tanto pelo que cada um chama em sua paixão, mas o que todos chamam pela *razão*" (HOBBES 19..., p 127).

mente nos interessa, num célebre passo do seu *Leviathan* (1651), Parte I, § XIII.4 (sob as rubricas *'Da condição da humanidade relativamente à sua felicidade e miséria'* e *'Fora dos estados civis, há sempre guerra de todos contra todos'*: *'bellum omnium contra omnes'*), principalmente ao escrever, muito lucidamente (aliás, com conhecidas e retumbantes ressonâncias, desde a Bíblia a Sun Tsu), que

> "[Da] igualdade [dos homens] quanto à capacidade deriva a igualdade quanto à esperança de atingirmos os nossos fins. Portanto, se dois homens desejam a mesma coisa, ao mesmo tempo que é impossível ela ser gozada por ambos, tornam-se inimigos. E no caminho para o seu fim (que é principalmente *a sua própria conservação*, e às vezes apenas o seu *deleite*) esforçam-se por se destruir ou subjugar um ao outro. De modo que na natureza do homem encontramos três causas principais de discórdia. Primeiro, a *competição*; segundo, a *desconfiança*; e terceiro, a *glória*. A primeira leva os homens a atacar os outros tendo em vista o *lucro*; a segunda, a *segurança*; e a terceira, a *reputação*. Os primeiros usam a violência para se tornarem senhores das *pessoas, mulheres, filhos e rebanhos* dos outros homens; os segundos, para se defenderem; e os terceiros, por ninharias, como uma palavra, um sorriso, uma diferença de opinião, e qualquer outro sinal de desprezo, quer seja directamente dirigido às suas pessoas, quer indirectamente aos seus parentes, aos seus amigos, à sua nação, à sua profissão ou ao seu nome. Com isto torna-se manifesto que, durante o tempo em que os homens vivem sem *um poder comum capaz de os manter em respeito*, eles se encontram naquela condição a que se chama a guerra; e uma *guerra* que é *de todos* os homens *contra todos* os homens. Pois *a guerra* não *consiste* apenas na batalha, ou no acto de lutar, mas *naquele lapso de tempo durante o qual a vontade de travar batalha é suficientemente conhecida'*.

(Hobbes 1995, § XIII.4, pp 110-1; *grifei*)

6.3 Mas o grande momento de reflexão (embora menos imediato para o fim tido em vista) que, neste passo, nos importa reter é o passo de gigante do seu contemporâneo Bento ou Baruch de Espinosa (ou *Spinoza*, como veio a ficar mundialmente conhecido). Claro que não faltam desenvolvimentos bem conhecidos e mais recentes da ideia fulcral do filho de Ana de Évora, nomeadamente na filosofia alemã do século XIX, desde a "vontade *de viver*", a "ideia egoísta" que se traduz num "permanente afã de viver, um perpétuo desejo de satisfazer os apetites vitais" de um Arthur Schopenhauer, o conhecido autor de "O mundo como vontade e representação" (*Die Welt als Wille und Vorstehlung*, 1819) até à ideia de "vontade *de poder*" (*'der Wille zur Macht'*) de um Friedrich Nietzsche de "Assim falava Zaratustra" (*Also sprach Zarathustra*, 1883-91), e a desembocar na monstruosa bastardia da sua *mutação* (ou *concretização*?) em '*der Wille des Führers*'. Mas o que nos importa reter aqui é, como disse, o *magnum opus* de Spinoza, como *última* «*razão*», «*prática*» e «*pura*», e em contraste intencional com o conhecido "dialelo cartesiano", já de há muito acusado (cf, p. ex°, ALMEIDA 1989, § 13, pp 192 e 205 e nota 124, e as referências aí contidas), exactamente o «erro de Descartes», recentemente indigitado, mais uma vez, no importante livro de António R. Damásio (cf DAMÁSIO 1994, pricipalmente cap. 8), erro ou desvio com partição do homem entre «razão» e «emoção», entre «alma» e «corpo», imaginando o ser humano como um centauro incoerente e contrafeito, erro ou desvio de que creio descenderem, enquanto corolários, todos os sete véus que, estranhamente, ainda hoje embargam e deformam a concepção do homem, do mundo e da vida, continuando a impedir o alcance, mediante um pensamento "claro e distinto", de uma visão desentolhida da vida social.

Expressamente contra Descartes, e em perfeito contraste com o '*cogito, ergo sum*' protocolar do programa cartesiano, de "apercepções transcendentais", que irá desembocar no inumano e descarnado "imperativo categórico", guia da «razão prática» de Immanuel Kant — e, mais do que isso, pelo que nos importa, exactamente nos antípodas de um certo «ser para a economia», o imperioso e insociável *sujeito intenso sem res extensa* que é o velho *homo oeconomicus...* —, segundo Bento de Espinosa (de los Monteros) ou Baruch Spinoza — aliás, ao encontro da melhor tradição *aristotélica, estóica e escolástica* e, ainda, «*sensualista*» (segundo o conhecido e interesseiro apodo «*idealista*»), como se viu —, metidos numa '*natura naturans*' que tem de ser *obedecida* para nela *influir* (segundo Francis Bacon, outro contemporâneo seu, '*natura enim nisi parendo vincitur*', como consta da epígrafe do *Apêndice II* do meu ensaio ALMEIDA 1989), o princípio da vida, próprio "de toda a coisa" [12],

---

[12] É claro que aquela "coisa" ('*res*') é uma coisa *viva*, para B. Spinoza como, p. ex°, para A. Schopenhauer. Trata-se, pois, dentre «os três reinos da natureza», só do primeiro e do segundo, o «animal» e o «vegetal», ficando *à margem* o «mineral», salvo na «hipótese de Gaia» ou «Gea»... E, de ambos os que ficam, apenas o primeiro nos diz respeito aqui; aliás, *especificamente*, só dele o «rei dos animais», primata entre os primatas: sem *gaguejar*, a subespécie zoológica, hoje única na espécie, *Homo sapiens sapiens*, de quem se disse, precisamente: "A alma [...] esforça-se por *perseverar no seu ser* ('*perseverare in se esse*') por uma duração indefinida *e tem consciência do seu esforço*": ESPINOSA 1958-65, vol. III, p 101, i. e., *Eth.* V, prop. *vi*). Esta pequena nota nada tem de ocioso, visto que neste ponto, precisamente, se situou uma crítica fácil de Nietzsche a Schopenhauer...

é o de "**perseverar em seu ser**" ('*perseverare in se esse*', na *língua franca* original: *Eth.* V, prop. *vi*: ESPINOSA 1958-65, vol. III, pp 99-100), respondendo aos *estímulos* segundo esse princípio *vital*, e é nesse mesmo *esforço* que consiste "a essência *actual* dessa coisa"; no respeitante ao homem, consoante o seu *apetite* ou *desejo* ('*cupiditas*', que já o pensamento das *Escolas* havia considerado, aliás em termos de uma insuspeita e inesperada modernidade, desde a quase automática '*cupiditas praesae*' até à mais «subida» '*cupiditas gloriae*'), cupidez essa que, uma vez satisfeita, causa alegria ('*letitia*') e, uma vez insatisfeita, dá lugar à tristeza ('*tristitia*'). E é esta a lei da vida, *sempre presente*: a de tentar, por condição e por sistema, "**perseverar em seu ser**", em todas as instâncias: viver *condicionadamente*, com a consolação, para o animal humano, de a sua própria suma alegria, fruto do seu *esforço consciente*, poder ser conquistada, precisamente, pelo "aumento do poder do entendimento, como ideal do sábio e do homem livre, que não teme a morte" e, deste modo, assim agindo '*sub quaedam aeternitatis specie*' (*Eth.* V, props. *xxvii* a *xxix*: ESPINOSA 1958-65, vol. III, pp 129-30).

7. Deixando, infelizmente, como é forçoso, a companhia do autor deste momento insuperável de lúcida grandeza e radical humanidade que continua a ser a *Ethica ordine geometrico demonstrata*, prosseguiremos, no entanto, ainda sob a sua *impressão* indelével, para verificar que à sua luz (ou à sua sombra) se desenvolvem ideias condizentes sobre a vida na terra e na sociedade, como a de "luta *pela vida*" (a '*struggle for life*' de Charles Darwin), a de "luta *de classes*" (a '*Klassenkampf*' de Karl Marx) e a de "luta *pelo poder*" (a '*struggle for power and office*' de Joseph Schumpeter, como veremos já), e até noções tão lúcidas e frutuosas como as ideias de "impressão", de "território" e de "agressão" da nova etologia de Konrad Lorenz, em urgente contraste com uma evasiva *ética* de matriz algo calvinista e algo kantiana, que corre por aí... E assim temos, portanto, que a aparente *concha vazia* ou *máscara sem cérebro* do "*estado* ou *governo*" está recheada de «numerosos indivíduos» entre si concertados, integrando *o partido (ou a coligação) que detém o poder*, e a que se opõem *outros partidos que aspiram ao poder*, todos fazendo um "*esforço consciente*", com "cupidez *da presa*" e "cupidez *da glória*", por no poder *permanecer*, ou a ele *aceder*, para o efeito tentando *optimizar* as suas votações nas eleições seguintes.

Trata-se, pois, de um novo mundo, da economia e da política, em que, a uma postulada permanente e zelosa intervenção da «*mão invisível*» ('*the invisible hand*') smithiana, a garantir a *perfeição* da *concorrência*, vai suceder a ocasional mas estratégica intervenção do emblemático «*aperto de* mão invisível» ('*the invisible hand*shake', segundo a expressão cunhada por Arthur M. Okun) ([13]) entre cada um dos poucos vendedores e a multidão dos seus *clientes* ou *fregueses*, e a sistemática presença da *mão visível* e por vezes pesada do "*estado* ou *governo*", a tentar moderar, agora, uma renhida *competição* ou *luta* (veja-se a nota 7), potencialmente *predatória*, entre *oligopolistas*. Contudo, o inegável bem-fazer devido ao exercício dos dois novos *agenda* do «estado *social*» deriva de móbeis que nada têm a ver com a filantropia...

8.1 Em 6 de Abril de 1928 — há mais, portanto, de sete décadas —, o professor de Stanford Harold Hotelling apresentou a uma sessão, em Nova Iorque, da *American Mathematical Society*, uma comunicação intitulada *Stability in competition*, "subsequentemente revista" e em seguida publicada no número 1, de Março, do vol. 39 do *Economic Journal*, de 1929.

Expressamente escrito *contra a corrente*, que encabeçava em Edgeworth, o artigo abria com a seguinte proposta axiomática, e o seguinte programa de investigação:

> "Piero Sraffa chamou a atenção para o facto negligenciado de um mercado aparecer normalmente subdividido em *regiões*, em cada uma das quais um único vendedor se encontra em posição de *quase monopólio*. As consequências deste fenómeno serão aqui mais amplamente consideradas. Observaremos, de passagem, que a assimetria existente entre a

---

([13]) Mais uma vez, a *terminologia*: tal como já se estabeleceu aqui (cf a nota 7) a vantagem do termo e do conceito de "*competição*" (do inglês '*competition*') sobre o de "concorrência" (do francês '*concurrence*') para denotar a actividade mercantil dos *ofertantes* (e como, entre parênteses, aqui também se verifica a vantagem do português "procura" sobre o francês '*demande*' — e o «brasileiro» "demanda"... —, principalmente no sentido inglês do vocábulo, que denota "*exigência*" por parte dos supostos «consumidores soberanos»...), a condição real dos *numerosos demandantes* é mais bem traduzida pelo vocábulo inglês '*customer*' (para denotar a *multidão anónima* dos *consumidores habituais* de *cada* fornecedor, de *nome* e *marca* bem conhecidos e *propagandeados*, que com ele «trocaram» o '*invisible handshake*' de Arthur M. Okun) do que o vocábulo "*cliente*" (do francês '*client*'), de óbvia *conotação ideológica feudal*, precisamente sem pressupor a situação diferencial do *estatuto de liberdade* de que dispõem os *cidadãos* da nova ordem *liberal* ou *burguesa*, ou que o vocábulo "*freguês*" (do latim medieval '*filius ecclesiae*', com semelhante conotação *feudal*), embora ambas as expressões disponham do seu grão de verdade impressiva, como que exagerando, por regressão ideológica, a *dependência* dos *numerosos consumidores* em relação aos *poderosos fornecedores* de quem *dependem*, e a quem se dirigem *quotidianamente*...

oferta e a procura, ou entre vendedor e comprador, posta em relevo pelo Professor Sraffa, se deve à circunstância de o vendedor fixar o preço e os compradores as quantidades que pretendem comprar. Esta circunstância resulta, por seu turno, do grande número de compradores de cada uma das mercadorias, em contraste com o número de vendedores. [...] A característica da economia actual para a qual, como o Professor Sraffa, chamamos a atenção, e que, em geral, não tem sido tomada em conta na teoria económica, é a da existência, em relação a cada vendedor, de grupos de compradores que preferem negociar com ele a fazê-lo com os seus competidores, apesar da diferença de preço. [...] Assim, na teoria do valor, um mercado é usualmente considerado como *um ponto* em que só pode estabelecer-se um único preço; porém, para certos efeitos, é melhor considerar o mercado como *uma região alargada*".

(HOTELLING 1929, *introd.* e *secção I*, pp 41-5; grifei)

A referência remete, como é patente, para celebérrimo artigo de Piero Sraffa, *The laws of returns under competitive conditions* (SRAFFA 1926), que abriu ao mestre italiano, de par em par, a porta de armas da cidadela cambridgeana em que imperava, precisamente, o então já idoso (mas sempre desportivo) F. Y. Edgeworth, e o filão explorado por H. Hotelling vai revelar-se muito mais rico do que o da epiderme do artigo de Sraffa, esta explorada por Joan Robinson e E. Chamberlin, ambos no mesmo ano de 1933. Na base do seu tratamento está, no entanto, exactamente a mesma *mutação*, do quadro lógico da «concorrência perfeita», tipicamente *marginalista*, para o da «concorrência *im*perfeita» (mais propriamente, «*competição monopolista*»), o que supõe ou determina (consoante a perspectiva do analista) a *mutação* de pressupostos e conclusões (também consoante a perspectiva do analista), de Leibniz a Voltaire ou de Smith a Sraffa: segundo a já referida imagem do conhecido feitor de frases feitas que foi Arthur M. Okun, de algo de *associal* e de tão *descarnado* como «a *mão invisível*» ('*the invisible hand*') smithiana para algo de tão *carnal* e *premente* como «o *aperto de* mão invisível» ('*the invisible hand*shake'), digamos, sraffiano...

Introduzindo o *espaço* na sua análise, para dar razão das *diferenças de custos* (sendo assim, *de transporte*) enquanto *«espaço»* (em vez de *«tempo»*) para as mercadorias *«serem levadas ao mercado»* (na expressão ricardiana que o autor parece glosar sem disso mesmo, na aparência, se aperceber), H. Hotelling confere à sua «economia» uma *consistência* ou *dimensão* (digamos mesmo, uma *dinâmica*) *espacial* em que ele se dedica a explorar, ao modo de Cournot (e também de Bertrand), a situação de *duopólio* em termos de cálculo infinitesimal *elementar* ('*using only elementary mathematics*': p 42).

Quatro anos decorridos, e três após um livro seu, prefaciado por Joseph Schumpeter, sobre esse mesmo tema, o economista dinamarquês Frederik Zeuthen viria a publicar, no *Quarterly Journal of Economics* (vol. 43, nº 2, de Fevereiro de 1933), outro importante artigo, expressamente mencionado como surgido sob o estímulo do artigo de Hotelling (*Theoretical remarks on price policy: Hotelling's case with variations*, segundo o título e subtítulo), em que o autor *começa* por enunciar com rigor, aliás verbalmente, as *coordenadas* do *espaço lógico* que ambos exploravam de modo pioneiro:

> "A *política de preços* dos empresários requer uma análise diferente, em aspectos importantes, quer da análise da concorrência pura, quer da do monopólio puro. No caso da concorrência pura, uma verdadeira política de preços é, de facto, impossível, pois, nessas condições, o preço é determinado pelas forças da oferta e da procura, que escapam ao domínio do produtor individual; tudo o que cada um dos empresários pode fazer é ajustar a sua oferta ao preço antes estabelecido. Por outro lado, no monopólio puro, o empresário isolado detém um poder ilimitado de fixar os preços, quer directamente, quer através da fixação das quantidades oferecidas num nível que lhe proporcione o lucro máximo. Mas, mesmo neste caso, as consequências de uma política de preços não se tornam patentes, [precisamente] por este caso — que deve ser raro — ser tão simples'.
>
> (Zeuthen 1933, *incipit*, p 231; *grifei*)

Logo dois anos decorridos, competiria a Nicholas Kaldor fazer, expressamente, a «tradução» do relevo específico da nova perspectiva nos termos «*técnicos*» próprios da velha, nestes *precisos* termos:

> "Em primeiro lugar, parte-se do princípio de que há um grande número de produtores independentes, cada um deles vendendo um só produto, «ligeiramente diferente» dos produtos dos outros. Estas palavras «ligeiramente diferente» implicam que a procura de qualquer dos produtos de quaisquer produtores seja altamente sensível aos preços praticados pelos outros, embora essa sensibilidade nunca seja tão elevada que obrigue todos os produtores a vender ao mesmo preço, o que implica que cada produtor, ao baixar o seu preço em relação aos dos seus competidores, atraia alguns dos *seus* consumidores, mas não *todos*; ou, alternativamente, que ele perca alguns dos *seus* consumidores, mas não todos, se subir o seu preço em relação aos dos outros.
>
> Em termos técnicos, isso implica que a «elasticidade de substituição» [, por parte] dos consumidores, entre os produtos dos diferentes produtores seja elevada, mas não infinita, o que é o mesmo que dizer que as «elasticidades cruzadas da procura» (as elasticidades da procura de cada produto de cada produtor em relação ao preço [do produto congénere] de outro produtor) são consideráveis, mas não infinitas. Conside-

rando a questão deste modo, o «monopólio» e a «concorrência perfeita» ocorrem como casos-limites, em que as «elasticidades cruzadas» são, respectivamente, nulas e infinitas; e não há grandes dúvidas de que a larga maioria dos produtores industriais se depara, no mundo real, com mercados imperfeitos neste sentido".

(KALDOR 1935, *Section II*, p 386 e nota 6 da reimpr. de 1952; *grifei* apenas "*seus*")

Dir-se-á, portanto, que a *análise dos preços* (ou *teoria do valor no mercado*), para ser *relevante* em sentido *hermenêutico*, em relação a *este mundo*, terá de situar-se, como se viu, no «intervalo *aberto*» delimitado, «à esquerda», pelo «*zero*» da *política*, coincidente com o *modelo* da «*concorrência* (pura e) *perfeita*» com que os autores marginalistas de sucessivas gerações em vão tentaram, com persistência admirável enquanto persistência, *espelhar este mundo*; e, «à direita», pelo grau máximo (imaginável) de domínio dos preços representado pelo (puro) monopólio, que tem apenas como limite do "poder no mercado" ('*market power*') o muito conhecido «princípio de Cournot», caso em que, na verdade, *não há competição* alguma, não há *luta* nem *jogo*, quer dizer, ἀγωνια...

F. Zeuthen compôs as suas "*variações sobre um tema de Hotelling*" nos mesmos termos de *cálculo elementar* do tratamento do autor por H. Hotelling; mais propriamente, em termos ainda mais elementares, dado descer «um grau» de abstracção comparativamente com o autor do tema por si glosado, precisamente por «encarnar» as suas simples equações com «exemplos numéricos» de modesta simpleza. Mas ambos os autores edificaram os seus modelos com uma lógica tão férrea e tão cogente que, pelos vistos, se, por um lado, a maioria esmagadora dos escritores da fé marginalista permaneceu alheia à mutação efectuada, não os apreciando, por outro lado, ao que parece, ninguém os criticou.

8.2 A *mutação* de perspectiva introduzida por Harold Hotelling em relação às '*mainstream economics*' convencionais vai revelar-se realmente fecunda, dado que lhe permite *encarnar* de algum modo o *esqueleto* do seu *modelo*, (1) pondo em confronto '*capitalism v. socialism*' quanto ao «*transporte*» como *metáfora* dos custos, enunciando um argumento a favor do socialismo ('*and* [*he*] *contributes an argument to the socialist side*') e, em seguida, (2) unificando o tratamento da «*concorrência*» (mais propriamente, «*competição*») «*monopolista*» (*grau* ou *poder de monopólio* com produção de mercadorias *praticamente homogéneas*) e «*imperfeita*» (via *diferenciação*, real ou aparente, pelos diversos fabricantes, do aspecto exterior das mercadorias a levar ao mercado), mediante a introdução de novos tópicos «institucionais» como *parábola*, e uma breve *retroacção*, mudando de *metáfora* ([14]), para chegar, por fim, *num caso e noutro*, à *mesma conclusão*, aliás com tanto de *impressivo* como de *impressionante*:

> "A importância e a variedade de tais tendências cumulativas torna-se patente se nos lembrarmos de que a *distância*, tal como a usámos como exemplo, é só um *termo figurativo* para um grande número de *qualidades*. Em vez de vendedores de *uma só mercadoria* separados geograficamente, poderíamos ter considerado dois vendedores concorrentes de cidra colocados *lado a lado*, vendendo um deles cidra mais doce do que o outro. Se considerarmos que os consumidores de cidra diferem uns dos outros por graus infinitesimais de acidez desejada, a nova situação é idêntica à anterior. A *medida* da acidez substitui agora a *distância* e, em vez dos custos de transporte, temos agora os graus de *desutilidade* que resultam de um consumidor só conseguir obter cidra com maior ou menor acidez do que ele desejaria. As conclusões anteriores mantêm-se de pé, particularmente a de quer os vendedores concorrentes tendem a assemelhar-se. Deste modo, a análise matemática conduz a uma observação de uma enorme generalidade: Os compradores defrontam-se, em toda a parte, com uma excessiva «mesmidade» ('with an excessive sameness')":

> (HOTELLING 1929, *secção II*, pp 53-4; *grifei*)

([14]) Esta mudança do *espaço mercantil* para a *consistência material* das mercadorias como critério distintivo ou, ainda, «metáfora» ("*termo figurativo*") para discriminar entre *mercadorias* aliás sempre *substancialmente semelhantes*— mais propriamente, entre *empresários* seus ofertantes, possuidores de um certo "*grau de monopólio*" —, com expressões de *«utilidade»* e *«margem»* que agora surgem como que por arrastamento, desatento e acrítico, para o domínio próprio conceptual do *paradigma marginalista*, tem o seu preço, visto que pode arrastar os incautos, por uma quase inevitável, embora falsa, sensação de *déjà vu*, a perder a noção da integridade (e inteireza) da radical *ruptura epistemológica* que estão a *praticar*, por "*confusão terrível*" (na expressão insuspeita de Wicksteed) entre o *«artigo genuíno»* e as *«margens espúrias»* que assim nos saltam ao caminho, como veremos depois com Sraffa, no § 14.1. Como também veremos nesse mesmo lugar, à *confusão* não saberia resistir o próprio Anthony Downs, não obstante a permanência da marca da diferença, até em títulos como, p. ex°, os de Abba P. Lerner & H. W. Singer e Arthur Smithies, vinte e dezasseis anos anteriores (cf os títulos de LERNER & SINGER 1937 e SMITHIES 1941), e a circunstância de o próprio Downs se ter referido, *mesmo na sua versão extensa*, mais empenhada ou explícita quanto à *ideologia*, à sua obra como "a nossa versão do mercado *espacial* de Hotelling" ('*Our version of Hotelling's spatial market*': sic DOWNS 1957b, § 8.I, p 115).

The same sameness, indeed, everywhere! Na realidade, isso sucede por *gerais* razões óbvias que já veremos, aliás decorrentes de uma mera *mudança de perspectiva*, e não dos simples meios de análise; de uma mudança revolucionária, dado o *potencial* de *campo unificado* (da *economia* e da *política*) que se abre à sua frente, aliás com o acento tónico na *política* como *modelo intenso da economia*, como já escrevi (cf ALMEIDA 1998c, § 6.5); e, na verdade, consoante prossegue o autor norte-americano,

> "A *tremenda uniformização* do nosso mobiliário, das nossas casas, do nosso vestuário, dos nossos automóveis, da nossa educação, devem-se, em parte, às economias da produção em larga escala e, em parte, à moda e à imitação. Contudo, além e aquém destas forças, está o efeito que discutimos: a tendência de [cada vendedor] introduzir apenas ligeiras modificações com o fim de conservar, tanto quanto possível, para a nova mercadoria, os compradores da antiga, i. e., com o fim de, por assim dizer, o vendedor se interpor *entre* os seus concorrentes e a massa dos [seus] consumidores. Esta tendência é de tal modo geral que ela se pode observar nos mais diversos campos da actividade de concorrência, *mesmo a grande distância da chamada vida económica*. A *concorrência pelos votos entre os partidos* Republicano e Democrático não se traduz numa demarcação clara de temas, nem na adopção de posições fortemente contrastadas entre as quais os votantes pudessem escolher; pelo contrário, cada um tenta tornar a sua plataforma tão semelhante à do outro quanto possível. Qualquer contraste radical lhes custaria muitos votos, embora pudesse conduzir a uma adesão mais profunda por parte de uma minoria que, em qualquer caso, votaria nesse partido. Todos os candidatos apalpam o terreno com pés de lã ('every candidate "pussyfoots" '), respondem ambiguamente às perguntas e se recusam a tomar posição definitiva nas questões controversas, devido ao medo de perder votos. *As verdadeiras diferenças, se é que realmente existem, esbatem-se gradualmente com o tempo*, embora os temas a que respeitam possam manter toda a sua importância. O Partido Democrático, em princípio adversário do proteccionismo, aproxima-se gradualmente das posições do Partido Republicano, embora sem com elas se identificar, e fá-lo sem receio [do abandono por parte] dos fanáticos do livre-câmbio que, mesmo assim, o preferem ao Partido Republicano, além de a sua defesa de elevados direitos de importação lhe facultar dinheiro e votos de grupos intermédios".

(HOTELLING 1929, *secção II*, pp 54-5; *grifei*, salvo '*entre*')

Tudo, aliás, *iniciando* (mais que *prenunciando*) um *tratamento global* do *jogo a dois* do *duopólio*, com os *ofertantes* (os seus *protagonistas*) estabelecendo *os preços*, sobre uma *massa amorfa* dos *demandantes*, que se traduz em *meras quantidades*; e tudo isto para concluir, serena e universalmente, sobre este *campo*, recém-*unificado*, de todos «os mercados d(e todos)os produtos», aliás *lapidarmente*, com um amargo *desabafo literário* fadado a perdurar se os seus leitores não fossem só *economistas* (ou se *só eles* não fossem seus leitores...), deste modo solene, austero e *uniforme*:

> "No caso mais geral, em que as mercadorias oferecidas diferem em vários aspectos, a situação é a mesma: a eslasticidade da procura de certos grupos, embora a contrarie, não prevalece sobre a tendência das mercadorias concorrentes para a uniformização. Daí decorre que certas fábricas façam sapatos baratos para os pobres, e outras façam sapatos caros para os ricos; mas tudo são sapatos, muito parecidos uns com os outros. As nossas cidades crescem anti-economicamente, e as suas zonas comerciais concentram-se demasiado. *As igrejas* Metodista e Presbiteriana são muito semelhantes. *A cidra é demasiado homogénea*"

> (HOTELLING 1929, pp 56-7, a concluir; *grifei*)

Ainda e sempre "a *mesma mesmidade*", sempre *pleonástica*, cinzenta e uniforme, extensa agora, da *economia*, aos universos, menos suspeitos, da *política* e da *religião*, ou seja, a toda a «oferta pública de venda», deste mundo e do outro...

Tudo, por fim, significando que, neste mundo *socialmente* unificado, da *economia* e da *política*, quer nesse mesmo *mundo real*, quer num espelho, não deformante, que o possa *reflectir* fielmente e sobre o qual se possa *reflectir* utilmente, tudo se *joga* e se *decide* no intervalo *aberto* com dois *extremos excluídos*: a «concorrência pura e perfeita» e o «puro monopólio» para a *economia*, como se viu; e o *caos pré-social* (hobbesiano) e a *pura e simples ditadura* para a *política*, precisamente localizadas como limites do intervalo, fora do intervalo, na *extrema esquerda e extrema direita*, como veremos a seguir.

9. Faltava, pois, a um sistema *alternativo* com uma perspectiva carnal e reflectora de um mundo material composto de *política* e de *economia*, uma vertente explicitamente política, complementar da económica, com vista a integrar, nesse modelo alternativo (mais propriamente, sistema de modelos), os resultados *substancialmente políticos* dos novos contributos da análise *macro*económica, de regresso entretanto, principalmente na senda aberta por obras influentes como a de Ragnar Frisch e a de John Maynard Keynes (nomeadamente, FRISCH 1933 e KEYNES 1936), como é o caso da obra de Alvin Hansen e do "brilhante artigo" de Paul A. Samuelson, SAMUELSON 1939, com que «encerrou», digamos, a década de 30 do século XX ([15]). Do panorama que nos interessa agora delinear avulta o conhecido filão teórico constituído pela série de ensaios sobre o tema dos *"ciclos económicos políticos"* que são, também, *"ciclos políticos económicos"*, posto que aqui se trata sempre de um conjunto de *redes de interdependências* formalizadas entre dois *hemis*férios forçosamente *comunicantes* e *inter*influentes. Não permitindo o tempo disponível uma demora conveniente em torno desta componente fundamental do novo *organon* que se vai desenhando, podemos, felizmente, suprir a falta dessa demora conferindo, brevemente, a excelente síntese de Francisco Pereira de Moura intitulada *Ciclos políticos e modelos político-econométricos* (1981), que não perdeu actualidade nestes dezoito anos.

Tudo, neste contexto, parece começar, na década seguinte, com um contributo de um dos mais importantes teóricos da teoria dos ciclos económicos, Michal Kalecki, sob a sabida inspiração do livro I de *O capital* de Marx, aliás fazendo a ponte da nova disciplina dos "ciclos ou flutuações económicas" para a nova componente da perspectiva — principalmente no sentido de uma como que *"sobre*determinação" (da *conjuntura) económica* sobre a *política*, mas com a óbvia *retroacção* quase *automática* — desta maneira *simples*:

> "Escreve o economista polaco: [...] «Na depressão, ou por exigência das massas ou mesmo sem isso, o investimento público financiado por empréstimos será estimulado para evitar o desemprego em grande escala. Mas, se for tentado este método para manter o elevado nível de emprego atingido, é provável defrontar uma elevada oposição dos meios de negócios. Como já se tem argumentado, em última análise o pleno emprego não lhes agrada. Os operários 'sair-lhes-iam das mãos' e os 'capitães de indústria' quereriam 'dar-lhes uma lição'. Mais ainda, o aumento dos preços na fase ascendente é desvantajoso para os pequenos e grandes *ren*[*d*]*istas*, tornando-lhes o *boom* desagradável». E prossegue, dizendo que «um proderoso bloco tenderia a formar-se entre os grandes empresários e os grandes *ren*[*d*]*istas*, encontrando mais do que um economista para considerar a situação manifestamente insatisfatória. A pressão de todas estas forças, particularmente dos grandes empresários, induziria muito provavelmente o governo a voltar à política ortodoxa de redução do défice orçamental. Seguir-se-ia uma depressão, e a política de aumento das despesas do governo voltaria a fazer-se». E conclui: «Este padrão de *political business cycle* não é inteiramente conjectural»; e pros-

---

segue com uma análise dos anos 1937-1938 nos Estados Unidos, concluindo por uma página do maior interesse, mas que foi omitida na reedição de 1971 (veja-se FEIWEL [1974], p 38), em que Kalecki se interrogava acerca dos ciclos políticos do fascismo e das transformações do capitalismo".

(MOURA 1981, § 2, p 264, traduzindo KALECKI 1943, § IV.3, pp 329-30 da edição originária; *grifei*)

E a exploração do filão descoberto, aliás independentemente, por dois famosos e importantes economistas europeus, o polaco de Cambridge Michal Kalecki e o sueco Johan Henrik Åkerman (que aliás, procederia a um profundo e vasto levantamento empírico dos dados da questão, a nível mundial: cf MOURA 1981, § 3, e o próprio ÅKERMAN 1947), tem vindo a prosseguir, e encontraremos umas quantas pepitas, fruto ou produto dos mais felizes dos novos garimpeiros, no final da lição. Mas o que fica aqui notado mais do que basta para fazer a ligação aludida, e mostrar como se preparou fértil terreno para a incómoda surpresa (da perspectiva *marginalista...*) que foi o advento da alegada "teoria *económica* da *política*" de Anthony Downs, um autor *então* desconhecido — mas só *«então»...*

10. É claro, porém, que a primeira palavra a indigitar o corpo e o sentido da necessária *mutação* de *paradigma* teria de caber a um economista especialmente *sabedor* e *dotado*, especialmente *culto*, *livre* de preconceitos, provavelmente um tanto *«céptico»* em relação à *persistente* (mesmo *peserverante*!) *ideologia* convencional da profissão, muito provavelmente *de origem europeia*; alguém que, por ventura, tendo corrido mundo, e não "nascido em Boston", conseguisse dispor da crítica distância entre o *ens* e a *res* — alguém, numa palavra, como Joseph Schumpeter, precisamente segundo um texto lapidar de um justamente célebre livro seu, segundo o qual, sem excepção de actividades nem acepção de pessoas (quer *'fittest'*, quer não), na comum *luta pela vida* (ou por *«ganhar a vida»*), *em todas as instâncias*, persistem *móbeis típicos* próprios de quem actua por detrás das *funções sociais* que desempenha, segundo a *divisão social do trabalho*, funções sociais essas cujo *reconhecimento como tal* pela *comunidade* é causa imprescindível do (a)preço ou prémio atribuído pela comunidade a quem assim procura, precisamente, *ganhar a vida*; porém,

> "Não se segue daí que o significado social de um tipo de actividade forneça imediatamente a força impulsiva [*'the motive power'*] e, desse modo, a explicação desta última. E, se o não faz, a teoria que se contente com uma análise da finalidade ou necessidade a satisfazer não

se pode aceitar como constituindo uma explicação adequada das actividades que a servem. Por exemplo, a razão por que existe uma tal coisa como a actividade económica é, obviamente, a de que as pessoas querem comer, vestir-se, etc. Proporcionar os meios para satisfazer essas necessidades constitui a finalidade social ou o sentido da produção. Contudo, todos concordaremos em que esta proposição constituiria um ponto de partida extremamente irrealista para uma teoria da actividade económica numa sociedade mercantil, e em que temos que fazer muito melhor do que isso, se pretendermos começar por emitir proposições àcerca dos lucros [...].

De modo semelhante, o sentido social ou a função da actividade parlamentar é, indubitavelmente, a de fazer leis e, em parte, diplomas administrativos. Mas, para compreender como a democracia política serve esta finalidade, teremos que partir da *luta competitiva pelo poder e pelos cargos públicos*, e entender que a função social é preenchida, se incidentalmente o for — exactamente no mesmo sentido em que a produção é incidental em relação à obtenção de lucros".

(SCHUMPETER 1950, p 282, ap. DOWNS 1957b, § 2.*B*, p 29; *grifei*)

Lapidarmente expresso, é, realmente, assim que se passam as coisas, no novo e necessário *espaço lógico unificado* da *economia* e da *política*; mais propriamente, da sua teoria que seja "*realista*", sem tabus nem disfarces.

11. O texto de Schumpeter que aqui se acaba de extractar foi por mim traduzido do inglês original *apud* Anthony Downs, sem ter que procurar uma qualquer das suas muitas edições, precisamente por o então desconhecido economista norte-americano haver elaborado a sua obra, *reconhecidamente*, à luz ou à sombra da obra-prima de Schumpeter *Capitalism, socialism and democracy*, sete anos anterior, sendo, de facto, segundo o próprio Downs, o autor europeu "um dos poucos economistas que não ignoraram [o] problema" da distinção entre o "significado social de um tipo de actividade" e a "força impulsiva" que move os que a exercem (DOWNS 1957b, § 15.I.*B*., p 284), e o autor cuja "brilhante observação resume toda a [sua] perspectiva sobre o funcionamento do governo" (DOWNS 1957b, §1 2.*B*., p 27), acrescentando, em nota: "A profunda análise da democracia por Joseph A. Schumpeter constituíu a fonte de inspiração de toda a nossa tese, e a nossa dívida e gratidão para com ele são, na verdade, grandes"; e dele mesmo toma também *ambas* as trilogias componentes do seu *Leitmotiv*: a já referida "dol" (de *social 'division of labour'*), e o *móbil* "ipp" (*'income, prestige and power'*) que faz mover os da política, realmente ao encontro de Aristóteles, Hobbes e

Espinosa, Darwin e Marx (cf o § 6) e da também universal, impiedosa e permanente *'struggle for power and office'* indigitada por Schumpeter como constituindo o seu *motor*.

11.1 Downs também refere expressamente, enquanto fonte de inspiração, o artigo de Hotelling, vinte e oito anos anterior que, como vimos (no § 8.1), embora da autoria de um matemático devidamente apetrechado, apenas recorria a instrumentos elementares de análise. Não tem, assim, nada de estranho que o então jovem economista não utilize, na *versão curta* da sua obra (DOWNS 1957a), quaisquer símbolos, expressões ou exercícios de ordem formal que se pudessem interpor entre a sua «mensagem» e a multidão potencial dos leitores "ageómetras" que a ela pretendessem aceder plenamente ([16]). E o sistema é, na verdade, extremamente simples. Apresentando, de surpresa, aos leitores interessados, um trio de diagramas representando três conjuntos de curvas sinusóides (contendo uma, duas e quatro) que constituem, nesse contexto, absoluta novidade, o autor guarda, no entanto, um silêncio «analítico» também absoluto sobre o seu plano de construção. *Primo conspectu*, supor-se-ia, dado o "espírito do tempo", estarmos em presença de uma aproximação a uma *teoria dos ciclos económicos*, ao encontro de uma *harmónica* (ou função trigonométrica de raio-vector unitário) representada pela 'Fig. 3': nada, contudo, mais ilusório, por mais distante da novidade inesperada do *apoio gráfico* e do *espaço lógico* do seu discurso. Partindo do singelo princípio construtivo que Harold Hotelling deixara entrever, num diagrama plano e horizontal, *uni*dimensional, representando o *espaço* como expressão dos «custos» e sinal distintivo do seu diverso montante ou volume para os oligopolistas, o autor preenche a componente *vertical* em falta no diagrama fundamental de Hotelling passando a considerar, a par da *qualidade* («naturalmente *quantificada* também, como se torna óbvio, que mais não fosse de modo implícito...), inscrita *em abcissa*, a *quantidade* ou *número*

([16]) Por manifesta *superstição* de economista profissional, na versão longa (DOWNS 1957b) ocorre um luxo de diagramas e expressões formais embrionárias *que não levam a nada* (*'of no consequence'*), como é o caso, principalmente, das cinco irrelevantes "funções *de utilidade*" que ocupam todo o § 4.*B*.VI de DOWNS 1957b (ou toda a p 72), não se integrando, minimamente, nenhuma delas no discurso verbal! Já então, no entanto (há quarenta e dois anos) — aliás, desde o início do ritual marginalista, inaugurado com Jevons e Walras... —, nas impantes revistas de «*análise económica*» de longo curso, se exigia aos vulgares certo «mínimo ético» de formalização, pelo que tem algo de estranho, ao menos para mim, que ao então jovem Downs *literalmente* nadinha se tivesse exigido...

dos *eleitores potenciais* no seio de uma *democracia representativa*, agora inscrita *em ordenada*, conforme uma figura que aqui se expõe transposta exactamente, mediante simples fotocópia ampliada:

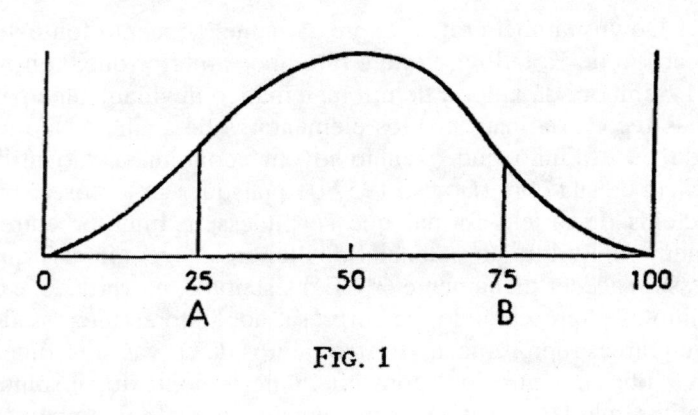

FIG. 1

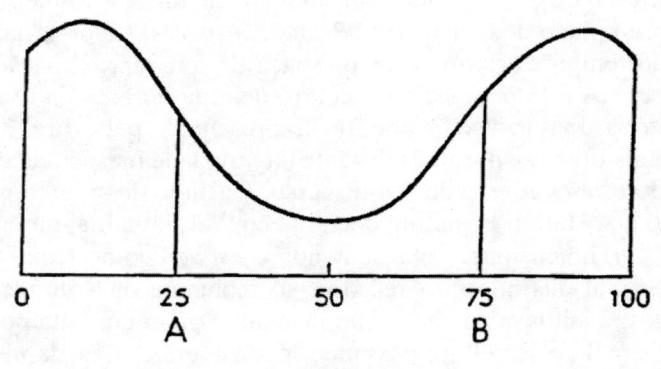

FIG. 2

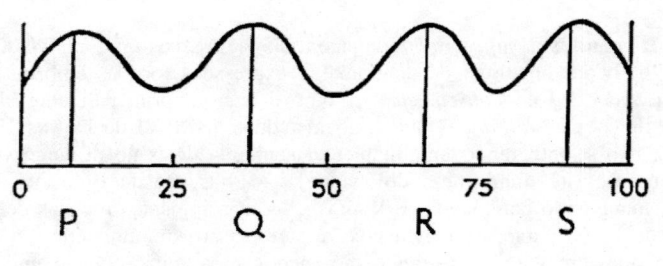

FIG. 3

Temos, portanto, a relação *espacial* seguinte, retratando *um momento* da vida quotidiana numa sociedade *democrática*, que não nega a ninguém, maior e são de entendimento, o modesto mas pleno exercício de uma chamada "capacidade eleitoral *activa*": os eleitores potenciais estão, assim, alinhados por ordem da *localização* das respectivas *ideias pessoais* no *universo* das *ideias políticas*, tornado *bi*dimensional (expresso por uma *área sob um sistema* de "curvas de distribuição regular", tipo "curva de Gauss", em que se distribuem essas preferências, por *graus de intensidade*, havendo, como é óbvio, de *ler* o *gráfico da esquerda para a direita*, exactamente como se lê a escrita das várias línguas do nosso espaço cultural.

Ante a simplicidade do diagrama e a falta de tempo prara ir mais longe, a explicá-lo e a comentá-lo, farei, seguidamente, apenas três ordens de observações sobre o sentido que ele reveste neste «tempo real» em que o estamos a «receber»:

(1) Sobre a *axiomática* (digamos, sobre o *modo*),

(1.1) repetirei tratar-se de um *«espelho do mundo»* em que vigora uma "democracia *em sentido formal*", de tipo *representativo, mediato* ou *indirecto* relativamente às tomadas de decisão, sendo, portanto, todos os cidadãos *'cives optimo iure'*, ou seja *'cum suffragio'* ("um *ser humano*, um voto"; cf o § 1.5, sobre as *'Regras do jogo'*, de ALMEIDA 1998c, p 10 da separata);

(1.2) por outro lado, é manifesto que os pressupostos da redução à *«qualidade» quantificada* do seu *continuum* de *posições políticas* do *universo* eleitoral *«activo»*, ou *caldinho homogéneo* de *opiniões de todos e sobre tudo* («vida depois da morte»; acesso a todas as comendas do medalheiro; gravuras de Foz-Coa; cultura a promover: pornografia *'hard core'*, música pimba, telenovelas brasileiras; ensino a financiar: bacharelatos em podologia, em fisioterapia, licenciaturas em enfermagem, «licenciaturas bietápicas» e mestrados em "manutenção do automóvel", só a título de exemplo, e sem ter tido de inventar nada...); é manifesto, dizia eu, que os pressupostos daquela «redução eidética» são realmente *hercúleos*; tanto na (falta de) *subtileza* como na (força de) *constrição*;

(1.3) ainda sobre o tal *caldinho* ou *composto homogéneo*, de *indiscernível composição*, poderá o seu estofo designar-se, numa linguagem o mais *neutra* possível, pela expressão muito pedestre de *«direitice»*: todas as posições políticas são *redutíveis, inequivocamente*, a *graus de «direitice»*: como no álcool, de *zero a cem* (por cento) ou seja, por alíquotas, de *zero a um*; se excluirmos a *«perfeição»* e denotarmos *«direitice»* por *'d'* e *o seu negativo* (*«esquerdice»*) por *'e'*, teremos, pois, obviamente $d + e = 1 \implies e = 1 - d$ (com $1 > d, e > 0$).

(2) É claro, ainda, que essa «democracia» se estende ao próprio «andar de cima», onde vicejam os portadores de "capacidade eleitoral

passiva", segundo aquela espantosa expressão: deve ser *livre*, pois o *acesso* aos lugares de *comando* e *serviço*;

(3) Entre uns e outros, sem exclusão dos *gregos* e *troianos* das formações políticas *extremas*, lindando com os *zero* (à *esquerda*) e os *cem* por cento (à *direita*) de *«direitice»* mensurada, vigora um *"pacto social"* infrangível sobre as *«regras do jogo»*; ou talvez mesmo, sem carecer de *fictio iuris*, digamos antes que é por todos aceite uma sorte de *"projecto social global"* (mais propriamente, aqui, o seu conteúdo implícito nesse *dado momento*, retratado no gráfico) como o que Orlando de Carvalho acaba de propor enquanto *"paradigma interpretativo"* jurídico, segundo uma visão que excede, claramente, o paradigma tradicional "justinianeu--napoleónico" ainda dominante, como já lhe chamei, e se compõe de 'um feixe de fins: *económicos, sociológicos, políticos, jurídicos* [...] correspondendo cada um deles a uma *necessidade sócio-histórica* cuja integral *satisfação* equivaleria, em certo âmbito, ao triunfo da *estratégia* que a sociedade se atribuíu' (CARVALHO 1997, § 6, p 10; *grifei*). Este o perfil do *campo de batalha* (ou *terreno de luta*; ou *tabuleiro de jogo*) que os lutadores ou jogadores, mesmo *extremados* adversários, sempre *partilham* (detêm *em comum*, «até a *morte* os *separar*»; mais propriamente, até o *fim do jogo* os *abolir* a *ambos* enquanto *adversários*, como irmãos siameses).

(4.1) Por fim, e agora, sobre o *tempo*: Em contraste com Marx, o modelo de Downs posterga, por um lado, as *ideologias*, e não concebe os partidos políticos como *"agentes* de grupos ou *classes sociais* específicas, sendo, pelo contrário, grupos autónomos que se propõem obter lugares de decisão política *per se"* (DOWNS 1957b, § 7.1, p 97), ou seja, em português *corrente, estrategicamente* empenhados na caça aos votos e os consequentes '(*political*) *jobs for the boys*'; e, neste nosso tempo de, talvez temporário, mas inegável *"declínio* das ideologias", e em que mais pesam, *visivelmente* ([17]), sobre o eleitorado, as *personalidades* ([18]) em promoção

---

([17]) *"Visivelmente"* e *"audivelmente"*, de '*audio*' e '*video*', as *primeiras pessoas* do *singular* do *presente* do *indicativo* desses verbos latinos, pois, em certo sentido (da *«natureza humana»*...), como diria outro Jeremias, menos queixoso e mais acusador, também aqui, '*Nihil novum sub sole!*'.

([18]) Por ventura *senis* ou, até, portadoras de comprovadas outras maleitas do mesmo foro mental, e isto mesmo, sabidamente, nos aparentes centros nevrálgicos pessoais de decisão política no mundo unidimensional e algo demencial em que vamos vivendo... *Curiosamente* (mas não, é óbvio, *casualmente*...), o sistema, *«per se»*, é *impessoal*, e até *anónimo*, em certos críticos *arcanos* seus, e é bem *mais duradouro* do que as pessoas que lhe servem de *rosto*, quando se trata de *figurar* (*abertamente*; *visivelmente, audivelmente*... : ver a nota anterior).

que os *programas* ou *prospectos* eleitorais, este *novo* modelo detém patentes *mais-valias* hermenêuticas sobre o *antigo...*

(4.2) No que, porém, respeita à *"ideologia"* que, como vemos, recusou receber-nos *à porta* do nível *descritivo* deste novo discurso sobre a *política* e a *economia* do *"estado* ou *governo",* ela entrará, contudo, a nível *"analítico", pela janela* dos *diagramas* que já iremos *entrever,* o que reflecte, é certo, alguma «*margem*» de incoerência de ambos os níveis discursivos, o *verbal* e o *gráfico* (para não falar de novo do já referido *non sequitur "analítico"*...), mas reflecte, também, como *modelo,* o mundo de hoje em que, realmente, se quase não existe ideologia *prospectiva, pre*definida, exposta ou proclamada pelos *prospectos* ou *programas dos partidos* viáveis (ou seja, «de governo») que, na verdade se apresentam perante a *massa dos eleitores* com essa mesma e «*excessiva mesmidade*» da «cidra» e das religiões de Harold Hotelling, ela introduz-se *pela janela* de forma *perspectiva,* como, por certo, se esperaria de uma janela *panorâmica* como a que foi *entreaberta* por H. Hotelling e *escancarada* por A. Downs, sob a espécie dos *diagramas* bidimensionais a que o segundo acrescentou a necessária *dimensão vertical,* visto que neles estão *representadas* ou *figuradas* todas as suas *áreas* ou *regiões, quantitativas* e *graduadas,* em que, forçosamente, *se localizam partidos* e *votantes,* como veremos já a seguir!

11.2 Passando a passear (*"deambular"*) sobre esse trio de gráficos *de tipo novo* (mais propriamente, sobre um terceto de variantes que me parece mais elucidativo e susceptível de ilustrar apenas uma parte de uma única lição), daremos conta, primeiramente, do panorama geral já nosso conhecido,

Z

O *espaço lógico* do *jogo político,* **dividido em cinco** *áreas* **ou** *zonas espaciais* **contíguas: Extrema Esquerda, (Centro-) Esquerda, Centro, (Centro-) Direita e Extrema Direita;**

passando, de seguida, a encarar a verosímil eventualidade de se constituirem cinco partidos, dois grandes, intermédios, e dois pequenos, digamos, «marginais», com um médio de permeio, então o partido-charneira, com que terá de coligar-se um dos dois grandes partidos, para obter uma maioria absoluta que lhe permita governar, salvo se um deles, com, p. ex°, cerca de 40% de lugares no parlamento, se dispuser a governar *sem compromisso*, mas só dispondo de *maioria relativa*:

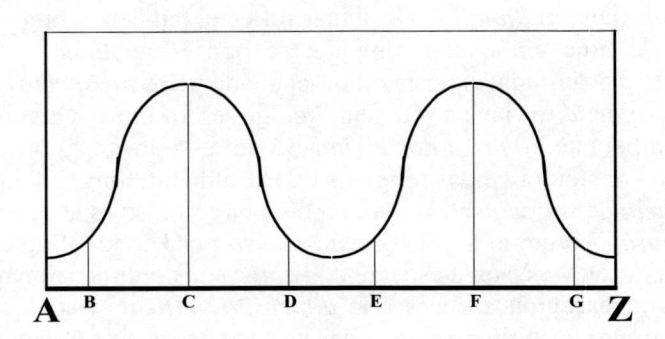

«Alternância democrática»: Os dois «grandes partidos»,
"C_e" Û]B; D[e "C_d" Û]E; G[, o «partido charneira », "C" Û]D; E[,
e os «dois partidos marginais», "E_e" Û]A; B[e "E_d" Û]G; Z[.

Passando a considerar, por fim, apenas parte do ponto de partida, poderemos ver, na figura seguinte, como que retratado um par de situações limite, por um lado, a situação de persistência de maioria absuluta sempiterna, como a, bem conhecida, ocorrida no México com o domínio irresistível de um único partido, nomeadamente a formação que dá pelo *nome explosivo* de "Partido *Revolucionário Institucional*" (vulgo, «Partido colorado»); por outro lado, a situação de *alternativa* aberta (ou em *aberto*), de indecisão a longo prazo, ou o muito que a legenda da figura 3.2 nos possa sugerir de interessante:

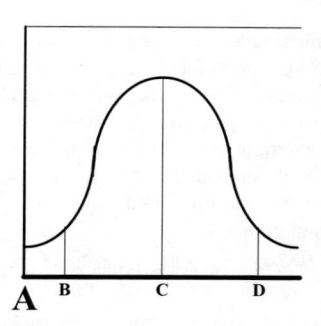

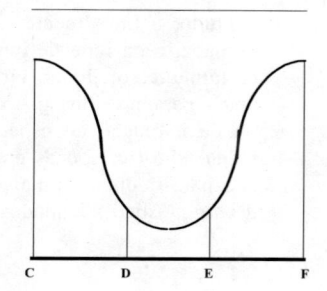

A «mexicanização», com
"U" ⇔]B; D[.

«bipolarização», com
"C_e" ⇔]C; D[e "C_d" ⇔]E; F[.

11.3 Por último, façamos um juízo sobre as virtualidades do quadro exposto em breve amostra, no presente capítulo. Se é certo que o esquema nada tem de *subtil* nem de carácter *micro*scópico, porém, o resultado, simples e nítido, da operação, parece «ter *valido a pena*»... '*Simplex sigillum veri*', mais uma vez: Numa palavra, muita verdade, devida à fulgurante, desinibida, criação do autor, com derrota total da alternativa *inexistente* que a precedeu!

11.4 N. Roubini

12. Cumpre, seguidamente, deixar aqui um sucinto registo de observações da autoria de cultores da teoria, pura e aplicada, dos "*ciclos económicos políticos*", a confirmar a conclusão que se acabou de retirar sobre a inegável *vis* hermenêutica, potencial ao menos, de uma necessária *teoria intregrada da economia e da política*, já, pelos vistos, prenunciada (principalmente, por A. Downs), porém (é manifesto), ainda por cumprir — o que, aliás, não é de esperar que venha a ocorrer de uma forma *mecânica* (e, assim, exactamente, *rigidamente* formalizável em termos *«analíticos»*).

Como escrevi ainda ontem ('*only yesterday*'),

'realmente, a espécie humana [...] não detém qualquer privilégio em relação às demais componentes da vida orgânica de ambos os primeiros «reinos da natureza», que se entredevorando vão sobre o terceiro, e as ideias fulcrais de *selecção natural dos mais aptos na luta pela vida*, de *território* e *agressão*, de *predador e presa*, de *explorador e explorado*, e o próprio ostensivo carácter *cíclico* da *economia* e da *política*, dos próprios *ciclos* naturais, merecem, certamente, bem mais que uma alusão;

contudo, a literalmente *extrema* complexidade da sociedade e da cultura
humana, e da rede de interacções que nela se estabelece e evolui, exclui,
certamente, qualquer virtualidade de *mecanismos simples e regulares*,
aptos para presidir, p. ex°, ao estudo da propagação das ondas sonoras,
ou da evolução de espécies zoológicas interdependentes cujo comportamento consista apenas em respostas instintivas imediatas a estímulos, mas
não para traduzir (fomalizar) as acções sociais, ou para fornecer os meios
de *dia*gnóstico adequados para informar uma *política'*;

(ALMEIDA 1998b, § 7.9.4.1, p 97)

mas, mesmo assim (*'dentro de lo que cabe...'*), uma atenção votada aos
mecanismos segundo os quais a sociedade se *movimenta, produz* e *reproduz*, já hoje pode enriquecer uma visão do mundo aguda, sem ilusões, não
deformada pela intrusão de velhos preconceitos, da perspectiva da nobre
liberdade de Bento Espinosa, alimentada pelo cultivo da razão. E há já
frutos à vista, como imediatamente vamos a ver.

12.1 Logo após KALECKI 1943 e ÅKERMAN 1947, parece confirmar-se,
com toda a clareza, o papel *sistemático* e *estratégico* do *"exército de re-
serva industrial"*, posto em relevo por Karl Marx há mais de um século ([19]).

12.2 Depois, logo com o segundo dos investigadores, foram notadas e
registadas algumas regularidades fundamentais no desenho dos "ciclos
económicos políticos" (com a esperada *precedência estratégica* da *infra*-
estrutura *económica* sobre a *super*estrutura *política* e social em geral), mas
logo com a previsível *retro*acção, como seria também de esperar em face
de estruturas *coordenadas* e *inter*dependentes, sem fatal, necessária *«sobre-
determinação»*: com raras excepções, *no mundo*, em *período longo* (macro-
scopicamente, portanto, em relação a ambas as referências, *espacial* e *tempo-
ral*); assim, segundo o já referido estudo do Professor Pereira de Moura,

> "as eleições determinaram mudança ou manutenção do partido no
> governo conforme se está em crise económica ou em fase de prosperi-
> dade [...]. Åkerman considera que nada há de estranho nestes resultados,
> pois numa democracia política em países industrializados o povo vota,
> primeiramente, de acordo com as condições económicas. Mas interroga-
> -se: *e não haverá variações na economia causadas pelas instituições e
> acontecimentos políticos?*

([19]) Ver, sobretudo, o livro I de *Das Kapital* (MARX 1962), *ad ind., s. voc.*
'Übervolkerung (relative)', *'Arbeitslosigkeit'* e, obviamente, *'Reservearmee'*, e o cap.
9 do livro II (MARX 1963), *'...Umschlagenzyklen'*, e *ad ind., s. voc. 'Umschlag des
Kapitals'*.

> Trabalhando apenas com dados respeitantes aos Estados Unidos, tomando o índice trimestral das cotações das acções industriais como síntese das situações presentes e das expectativas futuras e situando-o numa escala temporal das eleições, verifica-se uma correlação (p. 109): «O ano de eleição traduz hesitação e um encurtamento de perspectivas afectando o investimento e o emprego; mas, resolvida a questão política pelo resultado da eleição, as empresas expandem-se cumulativamente até se antever nova eleição, causando antecipações menos optimistas e, portanto, a crise e a depressão»".
>
> (MOURA 1981, § 3, pp 265-6, resumindo ÅKERMAN 1947)

12.3 Mas o melhor, sob este aspecto, estava então para vir, sob a espécie de um excelente pequeno artigo de um conhecido e atento economista, Francisco Melro (ver a única página, a 4 cols., do artigo MELRO 1999, e o par de *gráficos* que o integra), elaborado e escrito logo a seguir às eleições parlamentares (aliás, desconhecendo ainda a singularidade indígena então verificada, com a *maioria relativa maior possível* contemplando o *governo* em situação de *empate* com a *oposição*, passando a deter ambos, exactamente, 115 deputados eleitos, i. e., metade, exactamente, dos 230 mandatos em jogo!). O autor analisa uma série de 13 anos de economia e de política (à) portuguesa (de 1987 a 1999), procedendo ao confronto (1) entre (1.1) o "indicador de *confiança dos consumidores*" (só 'apurado desde Julho de 1986, o que nos impede de comprovar a robustez das conclusões para um prazo mais alargado') e (1.2) o indicador do "*crescimento real do rendimento das famílias*" (que F. M. define com precisão já perto do final do artigo), dando lugar, graficamente, a um par de *curvas praticamente sobrepostas* (*gráfico 2*, à esq^a na figura seguinte),

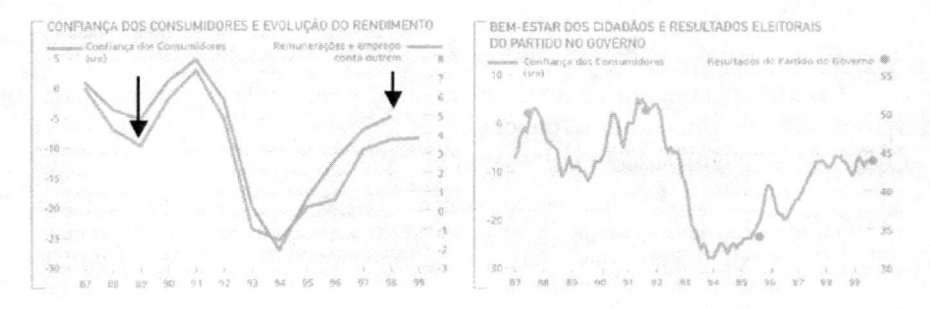

e (2) entre (2.1) aquele mesmo "indicador de *confiança dos consumidores*" (indicador 1.1, enquanto sucedâneo do indicador 1.2) e (2.2) os *resultados das eleições parlamentares* de 87, 91, 95 e 99 (para escalas conformáveis, como é óbvio: *gráfico 1*, à dt[a] na figura anterior), para concluir, de uma maneira realmente "robusta", que 'os partidos do governo obtêm bons resultados nos momentos em que os cidadãos estão confiantes na economia e maus resultados quando predomina o pessimismo' e que, *no fim de contas*, 'do ponto de vista económico, as avaliações dos *consumidores* não são nada tolas' (*grifei*). *Q. E. D.*!

12.4 Niklas Luhmann (LUHMANN 19)

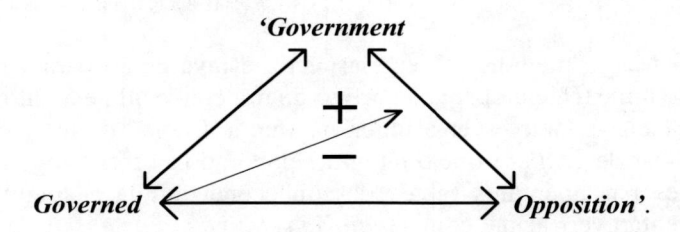

12.5 Eis, finalmente, neste capítulo, uma última regularidade *global*, sem outros comentários: Durante o século que terminou em 1960, e cujas características parecem estar a ressurgir neste «fim de milénio», em que A. W. Phillips verificou a persistência de uma *correlação negativa quase perfeita* entre a *evolução dos salários «nominais»* e a *taxa de desemprego*, segundo observou Luigi Pasinetti,

> "A gestão «keynesiana» tornou-se uma política governamental de tal modo comum que foi por vezes utilizada, não só para promover o pleno emprego, mas também para provocar *deliberadamente* desemprego «keynesiano»"!

> (PASINETTI 1974, nota 23)

Conforme concluiria, no ano seguinte, com toda a generalidade, William D. Nordhaus num conhecido estudo sobre o *'political business cycle'*, perante a mesma «secular conjuntura»,

> "O ciclo [económico político] típico desenrola-se assim: imediatamente após a eleição, o vencedor aumenta o desemprego até a um certo nível, para combater a inflação. Ao aproximarem-se as eleições, a taxa de desemprego será diminuída até atingir, nas vésperas das eleições, o puro ponto de miopia (*'the pure myopic point'*)",

> (NORDHAUS 1975, § 5, p 184; *grifei*)

para que todos vejam bem!

13. Depois de tudo isto, uma indagação óbvia a levar a efeito é, certamente, por parte do investigador indígena, acompanhar o que se passa, no dia a dia da política, no seio da nossa "Democracia Representativa Degradada" (sigla, DRD), aproveitando a circunstância de hoje, sabidamente, se sucederem as sistemáticas e características "fugas de informação", expondo a vida pública à sindicância de uma opinião pública decerto suspicaz, dada a visível degradação da forma e conteúdo da massa informativa que lhe é disponível, porém a que não faltam quotidianas *correntes* (mesmo *torrentes*) de informação, expondo à luz do sol, via *mass media*, algo ou muito daquilo que, até aqui há um quarto de século, eram segredos bem guardados entre os *arcana praxis* do "antigo regime".

Pude, por minha parte, nos últimos três anos, reunir e compor uma pasta de arquivo nédia e diversa, com tais extractos informativos e os respectivos comentários da autoria dos que, entre nós, são hoje conhecidos, no calão próprio da nova *'língua franca'*, como *'opinion makers'* (em português DRD, ditos *«comentaristas»*). A sua massa foi-se tornando enorme, e a qualidade das peças componentes viria a revelar-se, como se esperava, muito heterogénea; ocorre e urge, por conseguinte, podar o arbusto da massa informativa (e dita «formativa») para apurar uma colheita e, além do mais, razões de arte retórica e constrições de tempo levam-me a rejeitar, do material acumulado, praticamente quase tudo, e a trazer a público, neste momento, neste lugar, apenas algo de exemplar, literalmente *explosivo* (por *ruidoso* e *ofuscante*) em termos de *audio-visual*.

13.1 Convém, contudo, deixar aqui, embora apenas em esboço, alguns traços marcantes da actual realidade de uma política (à) portuguesa que temos tido que sofrer, traços esses tão nítidos, "públicos e notórios" que seria ocioso documentá-los.

O panorama é o seguinte: Do lado do *governo*, há um *partido* (digamos, p. ex°, o «partido "C_e"») ocupando o poder executivo dispondo apenas de maioria relativa de deputados no parlamento, animoso sujeito de um conjunto alentado de *indecisões*, que o *decidir* tem *custos* (os *interesses lesados* pela decisão), e governar será tanto menos custoso quanto menor o *peso das decisões* ([20]). E, deste modo, se arrastam situa-

---

[20] É, obviamente, compreensível que a formação política que detém o poder em maioria *relativa* no executivo tenha menor poder de decisão do que se dispusesse de maioria *absoluta*. Por outro lado, *por isso mesmo*, tal circunstância constitui uma arma de propaganda excepcional ao dispor da formação política que tem de governar

ções não poucas vezes afrontosas para os valores próprios (peculiares) do *estado de direito* do nosso espaço cultural, não poucas delas já *ocorrentes com* (e até *fomentadas por*) anteriores governos, como é o caso, p. ex°, (1) da existência e persistência, a par (ou *acima*...) de uma «metade» com elevada capacidade tributária, substancialmente isenta de impostos, de uma outra «metade» que constitui, substancialmente, uma *"classe tributária"* (como se sabe, formalmente característica da ordem tributária do *ancien régime* que precedeu, na história, o *estado de direito*; e dos *sistemas coloniais* de sempre...), fundamentalmente constituída pelos que auferem "rendimentos da categoria A" do IRS, a quem compete, substancialmente, *pagar por todos*, aliás perante cerca de dois terços das empresas a declarar prejuízos todos os anos (dois quintos delas «anos a fio»), para efeitos de IRC ([21]); (2) da existência e persistência de uma «metade»

---

naquelas condições, posto que lhe permite, com toda a verosimilhança, «exigir» do eleitorado, nas eleições seguintes, uma maior «votação útil» na formação por ora «simplesmente maioritária», que lhe permita governar *mais decididamente* na legislatura seguinte: e é este, como se compreende, o *Leitmotiv* da actual campanha (pré-) eleitoral do «partido "C$_e$"»...

([21]) Conforme é bem sabido e bem sentido por não poucos de nós, a situação do sistema fiscal sob o qual temos de viver é globalmente torta e perversa, e hoje quase insustentável, também em termos de IRS, isto «para não falar» de outras monstruosidades de ordem fiscal como, p. ex°, a de o imposto directo sobre o património que é a actual CI (*contribuição autárquica*) utilizar, como matéria colectável, valores matriciais de vários tempos e de vários lugares, irredutíveis a um padrão comum que lhe proporcionasse um qualquer arremedo de *equidade fiscal*, um valor insuprível do *estado de direito*... Valha a verdade: às tentativas do actual governo para atenuar a agudeza da situação, no respeitante aos impostos directos sobre o rendimento, mediante a instituição de um regime de "colectas mínimas", responderam partidos da oposição com uma negativa pretensamente alicerçada num deslocado discurso *«garantístico»*, na verdade emitido por *razões óbvias eleitorais*; é que *rende mais votos* conservar o apoio (*eleitoral* e *financeiro*) dos *grandes evasores* do que o que poderiam valer os poucos votos da minoria consciente da enormidade insustentável da situação... (sobre o assunto, poderá ver-se, especificamente, ALMEIDA 1997 e, em geral, ALMEIDA 1999, em nota 6 à *Advertência* e no § 2.5 do *Estudo 1*, a pp 21 e 47-9 da 2ª ed.)... Porém, o quase certo é que, enquanto não mudar sensivelmente o aspecto eleitoral de toda esta questão, nada de relevante será de esperar de um governo em funções, seja ele qual for... A distorção representada pela *grande evasão* em sede de IRC ter-se-á visto minorada entretanto, visto que, na verdade, pouco depois de as confederações patronais de *âmbito nacional* (a CAP, a CCP e a CIP), de braço dado com o inefável Provedor de Justiça e com o par de «parceristas» de uso e costume, com vista a assegurar a manutenção do seu «direito adquirido» a uma situação de *quase isenção fiscal*, haverem relançado a sabida lamúria de cariz «garantístico» contra o recurso, pela recente *"Lei Geral Tributária"* (Dec.-Lei n° 327/98, de 17 de

dos estudantes do ensino superior estanciando em estabelecimentos de ensino público, pagando modestíssimas propinas e beneficiando de alguma "acção social escolar", a par (ou *acima*...) de outra «metade», esta à mercê da exploração do novo ramo de comércio constituído pelo ensino superior privado, pagando *preços* da ordem do décuplo das *taxas* do ensino superior público, e não fruindo benefícios de "acção social escolar"; (3) da existência e persistência de um regime de privilégio concedido à Igreja Católica em ambos os domínios antes referidos (fiscal e educacional), com base (ou com pretexto) numa famosa «concordata», e para além do exigido por esse velho pacto leonino, tudo isso em termos inaceitáveis num estado de direito, segundo algumas vozes não necessariamente *laico*, mas, *para todos*, necessariamente *não confessional* ([22]).

Dezembro), aos *métodos indiciários* de avaliação da matéria colectável, surgiu ultimamente, inesperadamente (ao menos para mim...), o «insuspeito» presidente da AIP a exigir a aplicação imediata do frustrado regime das *"colectas mínimas"* (ou, na linguagem oficiosa serviçal e hipócrita, quase fatal no nosso tempo, lugar e modo, dos *"pagamentos especiais por conta"*...) em sede de IRC, por alegada imposição de um evidente (*des*) *valor para o direito* — o da *"(des) lealdade da concorrência"* —, o que deixa entrever que o actual terço dos empresários *daquela região* que paga IRC adquiriu entretanto um maior «peso específico» no seio daquela confederação (*neo-*) *corporativa* que os representa a todos, de uma maneira *«(neo-)liberal»*, porém atenta às votações... Ver a notícia do semanário *Expresso* de 31 de Julho de 1999, p 4*E*. Em todo o caso, devido, à manifesta '*insensatez* dos promotores e executantes' da «Reforma Fiscal dos anos 80», como já escrevi (cf ALMEIDA 1999, *Advertência*, notas 3 e 6, e *Estudo 1*, § 2.5, pp 16-7, 21 e 49), vemos estabelecida e progressivamente consolidada uma situação de em que uma classe de *beati possidentes* que são os *grandes evasores*, basicamente constituída por grandes empresários e igualmente grandes "trabalhadores independentes", se viu alcandorada à já referida posição, *dificilmente reversível*, de *quase isenção fiscal*. Neste ponto em que estou destes acabamentos de última hora, introduzidos neste abrangente e sólido suporte de um discurso que aliás se requer, a um tempo, menos «retórico» e mais técnico (e mais leve também; e ainda, obviamente, fluentemente coloquial) do que esta sua base crítica e factual, não quero resistir a incluir aqui, como única *excepção*, o *comentário* conclusivo, também de última hora, de um fiscalista lúcido e corajoso, que vai direito ao *cerne* da questão: '*Só teremos soluções fiscais sérias se os políticos não temerem a contagem dos votos, porque se chegou a tal ponto [...] que o que é necessário fazer produz um saldo negativo de votos, tal o volume dos infractores e dos privilegiados*' (H. MEDINA CARREIRA, no *Diário Económico* de 16 de Agosto de 1999).

    ([22]) Particularmente chocante é, certamente, neste(s) domínio(s), a concessão recente, pelo governo (subsidiada, como é óbvio), de um regime de *preços* equiparado ao das modestas *taxas* dos estabelecimentos de ensino superior público, a um pólo da Universidade Católica, sita em Viseu: É que esta santa escola, dado a si mesma se atribuir uma "componente religiosa" própria no seu ensino, nega reciprocidade às

É que *decidir custa*, ao passo que «*dar tempo ao tempo*» é *gratuito* e *fatal*, posto que '*Mors omnia solvit*' sem quaisquer *custos* ou *benefícios* ou, quando menos, sem *amanhã* para os *reconhecer*... Chamaremos ao caso um exercício do «*sistema STN*», aliás de nobres tradições ([23]) ...

outras, que a não têm, não aceitando transferências de estudantes do exterior, e assim também para as inscrições, pelo que nunca deveria, direitamente, ver-se reconhecida enquanto alternativa a um estabelecimento de ensino *público*, *aberto a todos*, reivindicadamente (!) «em falta» naquela região, sem atentado intolerável contra a liberdade de ensino e de religião!

([23]) O «*sistema STN*» de «solução» dos problemas é uma construção minha, porém alicerçada (fiel e felizmente, ao que ouso supor) sobre relatos das, realmente, "preciosas memórias" (no dizer de Merêa) de Francisco Trigoso, principalmente sobre o segundo reitorado de Francisco de Lemos, e pode resumir-se assim: D. Francisco de Lemos de Faria Pereira Coutinho (1735-1822) foi lente da Faculdade de Cânones da Universidade de Coimbra e "Bispo de Coimbra, Conde de Arganil, Senhor de Coja e Alcaide-Mor de Avô", de seu título *in extenso*, e, duas vezes, Reitor da Universidade, com intervalo de meio século entre o princípio e o fim: de 1770 a 1779, com a Reforma Pombalina (como "Reformador-Reitor"), e de 1799 a 1821, portanto ao tempo da Revolução de 24 de Agosto de 1820 e da Assembleia Constituinte de que viria a resultar a Constituição de 1822, primeira portuguesa, como é sabido. Como reitor, tinha na mesa três gavetas de diferente volume, onde infundia os resultados dos seus despachos reitorais, quer *positivos* ou *negativos*, por excepção, quer, normalmente, *nulos* de conteúdo decisório: a da *direita*, do "*S*" de "*Sim*", e a da *esquerda*, do "*N*" de "*Não*", ambas estreitas (mais a segunda do que a primeira...) e, *no meio* delas (ou *in medio, ubi uirtus*...), o largo e fundo gavetão do "*T*" de "*Tempo*", onde jaziam as pastas de despacho com problemas por resolver, *a* «*abeberar*», para «*dar tempo ao tempo*», segundo o espantoso prolóquio nacional! Um tanto à imagem de D. António Caetano de Sousa, na sua *História genealógica da Casa Real*, seguem agora as "*Provas*" da arrogada fidelidade da minha construção, constituídas por uma quadra de *extractos de Trigoso*, sem outros comentários senão o de o próprio autor ter admitido haver lançado mão do inexcedível expediente de «dar tempo *ao tempo*» de uma maneira exemplar (ver o final do quarto excerto!). Seguem os quatro excertos: (1) 'Mas este prelado, que na morosidade achava sempre prompto remedio a suas adversidades, recorreu ao costumado arbitrio de pôr tempo de permeio, e [...] ninguem conseguiu que elle remettesse a resposta [a um "Aviso do Governo"] senão anno e meio depois [...], para tornar de todo inutil a intervenção do Governo; e assim conseguiu o que quiz'; (2) 'Apesar de tantas recomendações, o [meu] requerimento teve o exito que eu esperava; voltou mezes depois com um Aviso ao Bispo-Conde [e "Reformador-Reitor"] para o informar, o qual nunca cheguei a entregar-lhe, porque já nesse tempo tinha vindo a minha proposta, e, em todo o caso, julgaria inutil entulhar ainda mais as suas gavetas com Avisos a que nunca respondia'; (3) 'o Bispo-Conde [e "Reformador-Reitor"] teve a minha [dissertação] muito tempo em cima da mesa, e mostrava-a a quem lá ia, tecendo-me grandes louvores [e proferindo grandes ameaças contra os rebeldes]: quando julgou tempo oportuno de acabar a farça, metteu a obra dentro da gaveta, se não a deitou debaixo da banca, não a distribuiu á censura, não fallou mais

Por *outro lado* (do lado, agora, da *oposição*) assiste-se, entre nós, a um exercício permanente e quase universal de oposição *irresponsável*: (1) Aqui há tempos, o dirigente máximo do «partido "E_d"» reivindicava, radicalmente, a abolição imediata do *numerus clausus* do acesso ao ensino superior público; (2) logo depois, o dirigente máximo seguinte desse mesmo partido reivindicava, sem sombra de pudor, a atribuição imediata do *salário mínimo* a todos os pensionistas da segurança social, *sem exclusão* dos do "regime não contributivo", ao mesmo tempo que exigia a imediata diminuição da carga tributária! (3) Seguidamente, o anterior dirigente máximo do «partido "C_d"» veio exigir a refeição imediata de duas realidades realmente algo teratológicas do nosso sistema fiscal: o "imposto sobre veículos automóveis" (IA) e o "imposto sobre produtos petrolíferos" (ISPP), um par de impostos indirectos específicos de taxa virtual realmente leonina, atingindo valores que excedem largamente os 100%, na aparência sem a memória de o seu mesmo partido ter convivido, imediatamente antes, toda uma década com ambas as espécies assim ingratamente denunciadas logo depois do rompimento forçado da feliz relação ([24]) ...

13.2 Eis, finalmemte, um par de excertos, muito recentes, *da «imprensa escrita»* (passe o hoje inevitável *pleonasmo*), que aqui se passa a expor e a comentar, com o ante-gosto que é para mim ter como certa certa surpresa do auditório qualificado a que se vai comunicar.

---

em dissertações, e continuou a propôr, para lugares ordinarios, e até extraordinarios, da Faculdade de Canones, Oppositores que não as tinham dado' (Parte I, cap. IV, pp 72-3, 81 e 82-3); (4) 'Tambem fui eu quem lembrou [ao Ministro de Estado] a creação da Junta para o exame do procedimento moral e litterario dos membros da Universidade e quem minutou a Carta Regia que, para esse effeito, se dirigiu á Universidade. O estabelecimento d'essa Junta foi muito criticado por aquelles que não percebiam que d'este modo se queria acalmada a effervescencia dos partidos e *dar tempo ao tempo*' (Parte III, cap. I, p 191; *grifei*!).

([24]) *Confiteor*: No apertadíssimo intervalo de sessenta minutos que me foi dado, segundo o cânone, para a *lição*, não me ocorreu, neste contexto, acrescentar — sobre o tema latente, aliás crucial, de uma urgentíssima (*re-*) *reforma fiscal* (com o "*re-*" referido, como é óbvio, à infelicíssima «reforma dos anos oitenta», precisamente da autoria e responsabilidade do «partido "C_d"»...) —, fazer uma referência ao "quinto *agendum*" do "*estado social*" (o da *defesa do ambiente*) que leva a outra conclusão, *o que farei agora*. Ter dado «tempo ao tempo», à antiga portuguesa, quanto às rebarbativas espécies tributárias que, na verdade, são o IA e o ISPP, com o passar do tempo, veio emprestar-lhes uma valência positiva ecológica cada vez mais imprescindível, pelo que, em princípio, *se deverão manter* na urgente e necessária (*re-*) *reforma fiscal*: basta pensar no que seria do trânsito automóvel, do ambiente e da balança comercial — da «qualidade de vida», em suma... — se ambos esses impostos fossem sensivelmente moderados na carga com que oneram os seus contribuintes, actuais e futuros...

Primeiro, um conhecido órgão da imprensa diária, em conjuntura muito recente e muito conhecida, noticiava que

'A Junta Autónoma de Estradas pagou em três anos eleitorais (1991, 1993 e 1995) 4,3 milhões de contos em prémios a empreiteiros, para que estes terminassem as obras antes dos prazos previstos nos respectivos contratos de adjudicação. "Tais *apostilhas* foram pagas sem terem sido efectuados os necessários e prévios estudos técnicos de âmbito económico e financeiro", escreve o magistrado [sindicante] no relatório da sindicância aos serviços da JAE.

As obras apostilhadas nos anos de 1991, 1993 e 1995, anos de eleições legislativas, autárquicas e, de novo, legislativas, totalizaram o montante de 4 349 175 500$00, o que representou 87,6 por cento do total das *apostilhas* pagas no período de 1991 a 1995.

Na óptica do sindicante, [verifica-se] a ausência de suporte legal para [...] despesas desta natureza [, cuja realização] "não oferece garantia de justificação quanto à economia, eficiência e eficácia na aplicação dos recursos públicos financeiros, violando-se o disposto no número 3 do Artº 18 da Lei 6/91" '.

(segundo o ***Público*** de Domingo, 21 de Fevereiro de 1999; *grifei* o vocábulo '*apostilhas*')

13.3 *Depois* (*logo* depois: seis dias a seguir...), '*ne varietur*', saía a lume, num conhecido semanário, a notícia seguinte:

'A Junta Autónoma de Estradas (JAE) já pediu aos construtores a antecipação para Setembro da conclusão do túnel da Gardunha II e dos respectivos acessos, cuja conclusão estava prevista para Fevereiro do próximo ano.

O valor da antecipação do prazo de execução ronda os 485 mil contos (2,419 milhões de euros), e o contrato deverá ainda ser apreciado pelo Tribunal de Contas. A cumprir-se a antecipação em cinco meses da conclusão deste troço do IP2 (cujo traçado fica próximo [da] terra de origem do primeiro ministro [...]), a sua abertura será efectuada em vésperas das eleições legislativas'.

(segundo o ***Expresso*** de Sábado, 27 de Fevereiro de 1999)

Posto o que cumpre observar apenas o seguinte:

(1) *Grifei*, na peça 1, o vocábulo "*apostilhas*", que abertamente reconheço antes não conhecer no presente sentido (²⁵);

(²⁵) Este vocábulo ('*apostila*' ou '*apostilha*', conforme o grau de parentesco que se confesse em relação ao castelhano, nosso vizinho sempre influente), de etimologia óbvia (do latim '*ad + post + illam*'), é conhecido em vários outros sentidos

(2) Por discrição e vergonha dos outros, nossos *preeminentes* concidadãos, elidi, dos excertos, alguns topónimos e antropónimos, aliás óbvios na circunstância;

(3) O que há, para mim, de especialmente pungente e alarmante neste episódio, não é (ou não é tanto) o revelado *carácter sistemático* da conjugação do verbo *«apostilhar»* na primeira pessoa do singular do presente do indicativo pelos governos sucessivos, sem acepção nem excepção ([26]); o que, a meu ver, dizia, surge de realmente alarmante no episódio, é o carácter *«natural»* (no seu arrepiante sentido *brechtiano*) com que *as notícias* são transmitidas, passam sem desmentidos ou outros comentários e, mais que tudo isso, *deixam de ser notícia* logo a seguir ([27])!

13.3 Ficaria-me-ia, no entanto, por (re)ferir ou considerar, na típica ocorrência, uma nota sistemática que mão amiga me deparou na (pen)última hora, e aqui se deixa a coroar esta faceta do actual carácter castiço e ubíquo, embora esquivo, da nossa DRD. Num dos referidos *«anos de apostilhar»* (concretamente, *noventa e um*), segundo estabeleceu um douto acórdão do Tribunal de Contas, foi *propinada*, pela JAE, a uma conhecida sociedade de empreiteiros, a *«apostilha»* de 420 mil contos "(+ IVA)", para "antecipação, em 216 dias" ("de Maio de 1992 para Setembro de 1991", *antes das eleições*), do "prazo para a conclusão da variante Loures/Malveira da EN8", inteiramente *à margem* de quaisquer outras considerações sobre a (notória falta de) «economia», «eficiência» e «eficácia» da operação.

---

condizentes, significando sempre algo como *"acrescento a"*, e é (ou foi) de uso escolar bastante frequente; assim, p. ex°, '*apostilar*' significava, até há pouco tempo (já em tempos «modernos»), *"tirar (o estudante) apontamentos* (das *lições* dos *lentes*)" (ver, p. ex°, TRIGOSO 1933, cap. II, final da p 28, *uti 'apostillar'*) e, em geral, ainda hoje, o que se viu, p. ex°, num título recente de J. J. TEIXEIRA RIBEIRO, **Apostila** *ao Comentário de Carlos Laranjeiro*, no BCE de 1991. O que, no texto, confesso ter desconhecido até agora é o presente alcance daquele nome e verbo, aliás deveras *«tradicional»*, mesmo *«arcano»* e *«praxístico»* (embora *«democrático»*), como se deixa ver...

([26]) Faltar, no elenco, informação referente ao ano de 97 é, certamente, fruto da mera circunstância de os respectivos dados, por certo *condizentes*, não estarem disponíveis no momento da elaboração do relatório.

([27]) Exactamente *dois meses* decorridos sobre a data marcada desta lição (concretamente, na semana decorrida de 19 a 25 de Julho), outras notícias sobre «apostilhas» acabariam por vir a lume, embora diluídas entre estofos e «fumos de corrupção», *em plena época baixa* (*quanto a notícias*, precisamente), a pelo da publicação do relatório de uma (mais uma...) "comissão parlamentar de inquérito", desta feita

Tendo, porém, actualmente, o TC, além da competência *materialmente técnica* e *fiscalizadora* da *actividade financeira do estado* — principalmente quanto às *despesas*, e não somente quanto à *legalidade* e «cabimentação» [*sic*, por *"cabimento"*!] *de verba*, mas igualmente quanto ao seu *mérito*, sob as espécies já referidas (28) —, a competência *materialmente jurisdicional* de *"julgar responsáveis"* por infracções às (boas) normas, o que terá o actual TC *a dizer sobre o tema* desta conjugação frenética, cíclica, recorrente do verbo *«apostilhar»* pelos *partidos do governo*? Eis a resposta: *nada*, tal como consta do douto acórdão em referência, *em virtude* (ou *por vício*) das (*sem-*) *razões* seguintes, no "português apocalíptico" seguinte:

> 'No relatório da auditoria refere-se, como vimos, "ser **normal** em **vésperas de eleições**" [...] serem **por determinação superior** *"apostilhadas"* obras a fim de que possam estar concluídas, estrategicamente, antes da *decorrência* [*sic*, pelo *"decurso"*!] das campanhas ou actos eleitorais. Na JAE houve, neste período, inúmeras obras que foram alvo de apostilhas de antecipação, obras essas não mencionadas aqui por não serem objecto desta auditoria, [segundo o 'lúcido e brilhante parecer' do 'Excelentíssimo Procurador Geral Adjunto' que a ela procedeu, isentando a lei *todos* de responsabilidade disciplinar, civil ou criminal, e lamentando a referida entidade auditante o 'efeito perverso "desresponsabilizante" assim criado, em que nem respondem os *ordenadores* (*sic*, pelos *"mandantes"*) nem os *contáveis* (*sic!*), que actuaram no cumprimento das determinações daqueles', pelo que, deste modo,] [...] *De* [sic, por *"Por"*] qualquer irregularidade que tenha ocorrido, não pode a JAE ser responsabilizada, pois foi decidida por *membro do Governo competente* [*sic*, por *"membro competente do governo"*]. (Decreto-Lei nº 315/91, de 20 de Agosto). Quanto à responsabilidade financeira dos políticos, ela também está excluída (Lei nº 86/89 e 34/87)'!
>
> (do miolo e sumário do Acórdão do Tribunal de Contas nº 77/97, de 12 de Junho, publ. na *Rev. do Trib. de Contas*, nº 27, Janº-Junho de 1997, pp 495-532; *grifei* e **carreguei** *q.s.*)

"às denúncias de corrupção na JAE" entretanto crismada como "Instituto das Estradas de Portugal" (acrónimo, IEP), além do mais com a oportuna *«utilidade»* (da perspectiva, já se vê, do governo em funções...) de não sobrarem dúvidas sobre a autoria das *iniciativas* e *realizações rodoviárias* compendiadas numa brochura luxuosa com 130 páginas de papel encorpado, gentilmente editada pela "SEOP do MEPAT" e distribuída com a imprensa diária daqueles dias *gratuitamente*, ou seja, à *custa dos contribuintes*, "pois assim se fazem as cousas" na actual DRD, como já se dizia na velha *Farsa de Inês Pereira*...

(28) Sobre as referidas «espécies» de (de)*mérito* das *despesas públicas* (*«economia»*, *«eficiência»* e *«eficácia»*) cf, por todos, Sousa Franco 1992, § 5.24.*c*).8º (vol. II, pp 434-5), aliás o autor que introduziu entre nós, tanto na teoria, como na lei e na jurisprudência, aqueles nomes e conceitos.

Tudo «*normal*», portanto, no seu arrepiante sentido *brechtiano*, como se viu...

Fiquemos *por aqui*!...

14.1 Para se conceber um *modelo espacial*, que possa *dar lugar* (ou fornecer o *espaço lógico*) a uma *luta pelo poder* é necessário desenhar, como *cenário* dessa luta, um *campo* ou terreno *de jogos* onde, segundo expressas *regras do jogo*, essa contenda se possa ferir e vir a *ter lugar*. Requere-se, pois, numa palavra, a adopção e o cultivo de uma abordagem localizada nos antípodas da absoluta *desqualificação* das personagens desse jogo, e da total ausência de cenário, peculiares ao *paradigma marginalista*, que há muito pouco tempo, neste mesmo contexto, descrevi deste modo:

> 'O paradigma marginalista consagrou a ideia de "*soberania do consumidor*", (des)encarnado na *única* personagem representada pelo *homo oeconomicus*, multiplicada (ou dividida) por si mesma «um número *infinito* de vezes», como *consumidor*; depois, num segundo momento, mediante a sua projecção no meio aliás hostil do "laboratório secreto da produção", então sob a *persona* de '*the representative firm*', enquanto *produtor*; permanecendo, todavia, como entidade primacial, o *primeiro* avatar do *único* sujeito ¾ tudo isto no mundo ou universo de um *mercado* de *concorrência perfeita* universal e integrado, porém inexoravelmente destituído de «cenário», professamente avesso a qualquer tipo de determinação institucional ou histórica, em que a oferta e a procura ditavam, para todo e qualquer "bem", e em qualquer lugar e em qualquer momento, o *preço de equilíbrio momentâneo*, necessariamente *único* por imperativo da *lei da indiferença*, quer no mercado dos "*bens de consumo*", quer no dos "*bens de produção*". Mediante a estatuição da *lei da utilidade marginal*, a *teoria do valor* própria do paradigma é tão universal e ténue que quase não existe: todos procedem às suas «trocas» (sem excluir "aquela troca a que chamamos produção") "quando e enquanto lhes vale a pena", o que, de resto, ocorre com a maior eficiência possível na "afectação dos recursos escassos e susceptíveis de uso alternativo" e (uma vez atingida a posição de *indiferença*, com o *custo marginal* igual ao *preço*) ao custo *ou* preço mais barato possível, quer no mercado (terminal) dos "bens de consumo", quer no mercado (intermédio) dos "bens intermediários", quer no mercado (inicial) dos «factores produtivos», em que, aliás, a teoria marginalista do valor assume o específico alcance *normativo* ou *doutrinário* da alegada «teoria» da "*produtividade marginal*", o que *transmuta* a «teoria» numa *automática doutrina* do *salário* como *justo salário* (da *renda* como *justa renda*, usualmente desprezada), do *juro* como *justo juro*, do *lucro* como *justo lucro* (de maneira latente, usualmente sem distinção explícita do "*juro*"), portanto todas as categorias em que se manifesta o *justo preço* dos «factores produtivos».

É óbvio que, logicamente, um *infinitésimo* não pode ser *soberano* de ninguém nem de nada, e nenhum número deles pode «agregar-se» até lograr obter uma dimensão finita que lhe faculte subir a esse *trono*, porque «somar» um número «infinito» de «infinitésimos» é algo sem sentido, e que não leva a nada. Mas, pelos vistos, o expoente, potência ou dimensão *normativa* detinha a *precedência ontológica* sobre a magérrima inteireza da estrutura *lógica* do paradigma ([29]). Por tudo isso, actualmente, uma reivindicação directa e imediata do paradigma como espelho do mundo seria, certamente, uma causa perdida, perante uma realidade global como é a de hoje, com ele em radical contraste, visto que, na verdade, de forma *sistemática*, como diz Samuelson, "A nossa economia é mista em dois sentidos: o governo modifica a iniciativa privada, e há elementos monopolistas que condicionam o funcionamento da concorrência perfeita" (SAMUELSON 1980, § 3.b, *Summary* A.3, p 51). Para mais, como é óbvio também, o *espaço lógico* requerido ou *exigido* por uma disciplina de *Economia Pública* é o da *macro*análise, quer de base económica, quer de atinência pluridisciplinar com as ciências sociais vizinhas, todas elas movendo este tipo de análise que só um raro momento de quase insuportável intensidade da *adolescência proprio sensu* (digamos, mesmo, das '*growing pains*') da *teoria económica* levou os mais dos seus cultores a abandonar, trocando-a pelo '*felicific calculus*', exercitado com o recurso (é certo, irreversível e pioneiro) à exposição e à prova matemática (sem excluir um conhecido elenco de metáforas, de desigual valor, mas sempre duvidosas): especificamente, aos rudimentos do *cálculo diferencial*'.

(ALMEIDA 1998b, § 7.6.1, pp 67-8)

14.2 É necessário repristinar, portanto, para o efeito de estudar interacções humanas num universo desenhado por meio de um mínimo exigível de *determinações* de índole *económica* e de índole *política*, uma

---

([29]) Como se entenderá, agora e aqui, sobre este tema introdutório, vou limitar-me a remeter para o meu ensaio ALMEIDA 1989 (especialmente §§ 7-12, e § 2 do *Apêndice* III). É, porém, bem sabido que desde cedo se estudaram modalidades "*imperfeitas*" de mercados, a começar pelo *monopólio* de COURNOT 1838, passando pelo *monopsónio*, o *duopólio*, o *oligopólio*, (o '*trust*' e o '*Konzern*') e o *cartel*, com passagem obrigatória por SRAFFA 1926 e ZEUTHEN 1930 e 1933, e a terminar com a *concorrência imperfeita* e *a concorrência monopolista* de ROBINSON 1933 e CHAMBERLIN 1933. Mas tais estudos ficaram sempre como marcadamente *marginais* em relação ao núcleo duro e aos tratamentos convencionais do paradigma como "corrente *dominante*", e versavam sobre *entidades* tidas por, mais do que apenas *marginais*, realmente *monstruosas*, que urgia exterminar, não tanto deste mundo, mas sim (ou antes) do seio do paradigma marginalista que, alegadamente, o *reflectia* melhor que qualquer outro. Apenas muito recentemente autores como Joaquim Silvestre se vêm dedicando a estudos viáveis sobre *este mundo* de *oligopólios* em que vivemos; cf SILVESTRE 1993 e a selecta bibliografia aí mesmo referida.

conhecida espécie de concepção do mundo (da *economia* e da *política*) anteriormente sacrificada em prol de uma visão ideológica e artificiosa, «paradisíaca», como era a desse mundo de justiça automática e inerente paz social perpétua a que ocorria a presidir essa forçosa, infrangível inteireza maciça de uma paradoxal «*doutrina* da produtividade *marginal*», *feita passar por* positiva e imanente, universal e automática, sagrada e consagrada.

Para recorrer apenas a dois dos maiores vultos da reflexão teórica do nosso século que agora finda, Piero Sraffa e Joan Robinson, e a começar pelo primeiro, apresentando a sua intrigante obra prima após mais de um trinténio de obras de construção, há que dispor, desde o primeiro momento, da consciência aguda de uma diferença e de uma necessária outra e segunda revolução epistémica:

> "Esta investigação ocupa-se exclusivamente com as propriedades de um sistema económico que não dependem da mudança de escala da produção ou das proporções dos «factores». Esta perspectiva, que era a dos velhos economistas clássicos, de Adam Smith a Ricardo, foi submergida e esquecida desde o advento do método «marginal». A razão é óbvia. A perspectiva marginal requer que a atenção seja focada sobre a mudança porque, sem a mudança na escala de uma indústria ou nas «proporções dos factores produtivos», não pode haver produto marginal nem custo marginal. Num sistema em que, dia após dia, a produção continua inalterada a esse respeito, o produto marginal de um factor (ou, alternativamente, o custo marginal de um produto) não seria meramente difícil de encontrar — pura e simplesmente, não estaria lá para ser encontrado.
>
> Contudo, é necessário ter o cuidado de evitar confundir «*margens espúrias*» com o *artigo genuíno*. Iremos encontrar, ao longo destas páginas, exemplos que, à primeira vista, poderia parecer que em nada se distinguem dos exemplos da produção marginal; mas o sinal seguro do seu carácter espúrio é a ausência da necessária espécie de mudança. O caso mais familiar é o do produto da «terra marginal» na agricultura, quando terras de diferentes qualidades são cultivadas lado a lado: sobre isto, apenas temos que nos reportar a P. H. Wicksteed, o *purista* da teoria marginal, que condenou tal uso do termo «marginal» como sendo uma fonte de «confusão terrível» (*Political Economy in the light of marginal theory*, no «Economic Journal», XXIV, 1914, pp 18-20, reimpresso em apêndice ao seu *Common sense of Political Economy*, ed. Lionel Robbins, 1933, pp 790-2)".
>
> (SRAFFA 1960, *Preface*, pp *v-vi*; *grifei*)

O brilhante exercício de Anthony Downs «materializa-se» num diagrama (eventualmente, série de diagramas) *espacial* com uma ou mais "curvas de Gauss" (ou "de Gauss/*Laplace*", como acrescentam os fran-

ceses...), tendo na sua base, confessamente, um semelhante modelo de
«*concorrência*» (mais propriamente, *competição*) *espacial* ([30]) em que
Harold Hotelling formalizara, como se viu no § 8.1, o seu *cenário* mercantil como uma *"região* alargada" em contraposição ao *"ponto"* (*não
dimensional*) de uso e costume *marginalista*; trata-se, deste modo, de
desenhar um diagrama (eventualmente, série de diagramas) que representa uma relação funcional entre duas grandezas pressupondo um *continuum*
de tipo *topo*lógico *e sin*crónico, não *crono*lógico *ou dia*crónico.

Pode, pois, o autor, como podemos nós, *percorrer* sem remorsos
aquele diagrama, que representa uma *distribuição* de «*qualidades*»
predefinidas por «quantidades» também predefinidas *num momento no
tempo*, como num *"instantâneo"* (leia-se «fotográfico»: '*snapshot*'), sem
cometer, com isso, o abuso grosseiro em que, realmente, se vem a traduzir o exercício marginalista convencional graficamente semelhante, que
se «materializa», segundo a célebre e certeira denúncia feita por Joan
Robinson, na, realmente,

> *"horrível metodologia neoclássica* de desenhar um diagrama *plano*
> mostrando uma relação *intemporal* entre duas variáveis e, em seguida,
> deambular sobre ele"

(Robinson 1978b, p 137; *grifei*)

e nele considerar «*momentos* sucessivos» em infinita sucessão, calcorreando alegremente o *falso «X keynesiano»*, pelo próprio Keynes denunciado na sua veste originária de apoio ou de cabide da «*lei da oferta e da
procura*», que se tratara então de tentar transplantar para o seio da análise
*macro*económica, e logo ressurgido como «matéria» do «*diagrama de
teia de aranha*» (cf Robinson 1978b, pp 138 e seguintes) para, finalmente, ressuscitar de novo sob a *persona* da «*curva IS/LM*» de Hicks 1937,
nada mais nada menos do que a forma e a figura da também já referida
«*síntese neoclássica*» ([31])!

Desta maneira, todas as tentativas, do então jovem Downs (principalmente, na versão mais extensa, Downs 1957b), para enxertar no velho
cepo marginalista a sua nova análise espacial e extrovertida (ou para

---

([30]) Como *"competição espacial"* ('*spatial competition*') designa Arthur
Smithies expressamente, em título, este tipo de análise (Smithies 1941, *Optimum
location in **spatial competition***). Talvez devido à data, '*competition*' soa-me como
'*Kampf*', e '*space*' como se fosse '*Lebensraum*'...

([31]) Ver, sobre tudo isto, o § 7.3.3 do meu Almeida 1998b, principalmente p 30
e nota 33.

encher de vinho novo aqueles mesmos velhos tonéis — talvez os «das Danaides», para falar em Keynes...), mais do que serem só fantasia, só poderiam contribuir para lançar não poucos na «confusão terrível» denunciada pelo "purista" marginalista P. H. Wicksteed, como nós vimos agora mesmo, guiados pela mão de Sraffa. Por mim, não terei o mau gosto de transpor para aqui as ilusões de um jovem de há mais de quatro décadas: bastará registar, como único exemplo, esta versão patética da própria versão breve da sua obra:

> "5. Cada um dos agentes deste modelo — quer seja um indivíduo, quer um partido ou uma coligação privada — age sempre racionalmente; isto é, prossegue os seus objectivos com o dispêndio mínimo de recursos escassos e empreende apenas as acções *cujo retorno maginal exceda o custo marginal.* O termo *«racional»*, neste artigo, é sinónimo de eficiente. Esta definição «económica» não deve confundir-se com a definição lógica (i. e., pertencente às proposições lógicas) ou com a psicológica (i. e., calculista e não emocional)"!

(Downs 1957 a, secção II, *Axiom 5*, p 137 II
e nota 10 a essa página; obviamente, *grifei*)

14.3 E, no entanto, dois anos antes, um autor tão conhecido e influente como o então futuro Pémio Nobel Herbert A. Simon havia prevenido, em geral, os incautos, contra o grosseiro artificialismo do postulado *«optimicista»* ([32]), a que então contrapunha um mero *objectivo*, digamos, *estratégico* (ou, *abusivamente, «função-objectivo»*) de tipo simplesmente *«satisfacionista»*, da maneira seguinte (segundo o bom resumo e o devido comentário de Otto Eckstein):

> "A consideração mais fundamental num modelo de decisão é a escolha da *função-objectivo.* Deverá o modelo [*sic*!] tentar maximizar (ou minimizar) algumas medidas operacionalmente definíveis? E, se as-

---

([32]) Acabo de escrever o termo «optim*i*cista» (um *substantivo* inexistente, implicitamente derivado do *adjectivo* inexistente «optím*ico*», qualificando quem ou o que for considerado «óptimo»...) em desespero de causa, para rejeitar «optim*a*lista» (um *substantivo* também inexistente, por sua vez implicitamente derivado do *adjectivo* também inexistente «optim*al*», também qualificando quem ou o que for considerado «óptimo») sem poder, obviamente, adoptar «optimista», contra o que ocorre com "minimista" em vez da forma «minim*a*lista», infelizmente hoje *vulgar*; faço-o, de resto, compartilhando um escrúpulo de Teixeira Ribeiro em relação aos hoje muito numerosos «tradutores» clandestinos e apressados do inglês básico de curso mundial: é que também o mestre português dizia e escrevia *"externidade", de encontro* à prática corrente, que vai dizendo e escrevendo «extern*a*lidade», como se o adjectivo-base fosse também, no português corrente, «extrern*al*» por "extern*o*"...

sim for, quais deverão ser essas medidas? Em economia, tipicamente, a análise pressupõe que pretendemos maximizar o bem estar económico, seja como for que ele se defina. A noção de maximização constitui, por ventura, o conceito analítico central da economia. Recentemente, [no entanto, Herbert A.] Simon [*A behavioral model of rational choice*, QJE, 1955; e *Models of man*, NY, Wiley, 1957] pôs essa ideia em questão e sugeriu que, ao menos *como descrição do mundo real*, as pessoas e as grandes empresas [*'people and corporarions'*] pretendem meramente obter *um estado de coisas satisfatório*, em vez de *qualquer óptimo*. [...] A concepção da política como proposta a *«evitar incêndios»*, que frequentemente caracteriza os dirigentes políticos norte-americanos, certamente sugere que os políticos também serão «satisfactores» [*'satisfactors'*], na expressão de Simon. Contudo, no estudo presente, parte-se do princípio de que a análise económica desempenhará uma função mais útil se tentar [*sic*!] maximizar algo [*sic*!]. A medida em que os políticos decidam aceitar a análise de optimização dos economistas será decidida, provavelmente, por considerações de satisfação" ([33]).

(ECKSTEIN 1970, § 1.1, *'The objective function'*, *'Introd.'*, p 217; *grifei*)

Desta maneira, dois anos antes de Anthony Downs — porém, infelizmente, sem qualquer tipo de reflexo na obra desse autor —, Herbert A. Simon acudiria a destronar o já envelhecido homúnculo marginalista de titular universal de uma já velha concepção que se entreteve "adjudicando ao sucedâneo estático do *óptimo* o perpétuo exercício de inimigo do *bom*", como já escrevi (ver o final da nota 14 ao *Apêndice* V de ALMEIDA 1989), aliás ao encontro das mais fundas raízes da cultura europeia e, assim, p. ex°, ao *literal* encontro de Thomas Hobbes (ver o excerto traduzido na nota 13).

14.4 Porém, alguns anos mais tarde, o mesmo autor surgirá a descrer da bondade hermenêutica da sua própria *mutação* de *"optimidade"* para *"satisfação* suficiente" como *critério de comportamento racional e causal* do imperioso homúnculo que foi (ou é?) o *homo oeconomicus*, ao depois baptizado como *"Robinson Crusoe"* e agora crismado, *talvez* com alguma ironia, por BUCHANAN & FLOWERS 1980, como o *«imperador "(E. J.) Jones"»* (cf a nota 13) — e tudo isto, *contraditoriamente*, para

---

([33]) Tenho posposto *"sic!"* a um par de insertos em que o autor, candidamente, atribui aos «modelos» e, em geral, à «ciencia» ("das *relações de troca*") o papel *«maximizador»* (querendo, aliás, obviamente, dizer *"optimizador"*...) próprio daqueles mesmos «sujeitos económicos» a quem ela *«pretende»* que a *«escolha»* (*'choice'*) compete: "a quem ela *«pretende»*" em qualquer dos sentidos, o *português* ou o *inglês*, à *escolha* do *leitor*...

retratar um estado de coisas *ideologicamente* proclamado como o melhor dos mundos, *objectivo* e *espontâneo* e, para mais, realmente *automático* (devido à qualidade *onto-axiológica* e à acção permanente dos alegados *"mecanismos de reequilíbrio automático"* postos ao seu dispor por uma *transcendente "mão invisível"*, em paz perpétua devido à mera *obediência* dos *«numerosos indivíduos»* às *sacrossantas «leis do mercado»* —, agora defendendo, como critério verosímil de evolução, esse mesmo sentido *comum e geral* de *evolução*, *"inteiramente **míope"*** (da perspectiva dos que o *sofrem*), que, há mais de um século, se sabe presidir ao *sistema global integrado* (digamos, pois, *macro*-sistema) da *Origem das espécies por meio da selecção natural* de Charles Darwin, aliás, na nossa vizinhança, segundo a inevitável lição de Karl Marx; eis o notável texto de Simon, aliás excelentemente vertido ao português por Luís Moniz Pereira:

> 'Ninguém pensa que uma economia de mercado moderna é o produto de um planeamento deliberado. Certamente, evoluíu a partir de economias de subsistência mais antigas, ganhando forma devido a miríades de decisões tomadas por muitos agentes económicos durante centenas de anos. Pelo contrário, as descrições que acabámos de ver do comportamento de empresas individuais, tanto na versão *satisfatória* como na optimizante, supõem que os agentes individuais escolhem deliberadamente as acções apropriadas aos seus objectivos, dentro do contexto de um dado sistema de mercado. A adaptação dá-se pela selecção *por* agentes racionais, não pela selecção de agentes que têm, como que por acaso, um comportamento adaptativo. Por vezes, quando o modelo clássico [*sic*] de optimização da empresa é acusado de irrealismo e inconformidade com os factos, propõe-se uma teoria alternativa da empresa, que se baseia em premissas evolutivas. Argumenta-se que não é importante saber se as pessoas (ou empresas) procuram o comportamento optimizante ou o satisfatório, porque num mundo de mercados competitivos só sobrevivem aqueles que tomam as decisões *como se* ['*as if*', novamente!] procurassem o óptimo. Se fosse correcto este importante argumento, não teríamos de nos preocupar em saber se o homem económico usa processos de optimização, porque o resultado, quer usasse quer não, seria praticamente o mesmo. Devemos portanto verificar cuidadosamente se o argumento evolutivo implica a optimização'
>
> (SIMON 1981, § 2 (.10), '*Teoria alternativa do homem económico*', pp 90-1)

A resposta à questão parece *adivinhar-se* como, digamos, *globalmente* negativa, mas a própria questão é, consoante se entrevê também, de tal modo complexa e crucial que seria insensato tentar dilucidá-la aqui somente de passagem, mas o que nos importa é a mais que *evidente* faceta *negativa* dessa resposta virtual, pois é patente que o «elevado» critério de Pareto e consortes para o comportamento do tal homúnculo explodiria ao singelo contacto com a outra metade *(ideo)lógica* do paradigma: nomeadamente, a majestática virtude do seu automatismo, que não sendo, obviamente, sequer imaginável sem um *«programa»* (ou, quando menos, uma *«rotina»*) *preliminar*, já é, de todo, incompatível com a ideia de *planeamento* de um infinito de acções concretas da autoria da multidão inominada dos *«microdecisores»*. Temos, portanto, perfeitamente adquirido que a incessante e universal prossecução do *«bem»* (mais propriamente, do *«bom»*), no seu sentido hobbesiano, no que concerne à economia, não se *transmuta* em *«óptimo»* também universal, como todos entendem e muitos fingem ou pretendem não entender ([34])...

14.5.1 Tudo isto diz respeito, como é patente, ao par de tipos de *jogadores* digamos que munidos do «exclusivo» cartão de ingresso neste *salão de jogos*: nomeadamente, os detentores de *poder político e económico* que são o *"estado ou governo"* e as *empresas dominantes* (com *"poder no mercado"*), principalmente as *multinacionais*. E, entretanto, no meio de tudo isto, que será feito dos "numerosos indivíduos" que são *jogados* em semelhantes *jogos*, se *não de azar*, ao menos *de fortuna, da glória e do poder*? Já que falámos em Prémio Nobel *hic et nunc* (ou seja, em Portugal, e em 1999), não *quero* nem posso resistir a incluir aqui, antes de terminar, esta resposta muito recente às ilusões *axiomáticas* peculiares, essas sim, à *escola* e ao seu património *legítimo*, pela voz de alguém que parece apostado em nos surpreender, e que também registarei pelo chamado «método de Harvard», como se se tratasse de um *outro* economista:

> 'Em geral não se diz que uma decisão nos aparece, as pessoas são tão zelosas da sua identidade, por vaga que seja, e da sua autoridade, por pouca que tenham, que preferem dar-nos a entender que reflectiram antes

---

([34]) Para mitigar a sede do auditor que aqui se deixa fatalmente *sedento* (é claro que muito a contragosto, como urge proclamar!), aqui nos fica (a ambos) este episódio da *vida quotidiana* na actual universidade, sucinta e *suculentamente* narrado por Herbert A. Simon: 'Podemos desenvolver este esqueleto de teoria [convencional; «optimizante»] da empresa em muitas direcções, interpretando-o num sentido positivo ou num sentido normativo — como uma descrição do comportamento das empresas, ou como um conselho a dar-lhes sobre a maneira de maximizar os lucros. De facto, nas escolas comerciais e universidades ensinam-se ambas as interpretações. Quando uma vez exprimi algumas dúvidas sobre a veracidade da teoria como descrição do comportamento real das [empresas], um colega respondeu-me: «Bem, se não agirem assim agora, passarão a fazê-lo depois de se graduarem na nossa escola». Eis uma teoria que se confirma a si própria' (SIMON 1981, final do § 2 (.1), pp 61-2)!

de dar o último passo, que ponderaram os prós e os contras, que sopesaram as possibilidades e as alternativas, e que, ao cabo de imenso trabalho mental, tomaram finalmente a decisão. Há que dizer que as coisas nunca se passam assim. [...] Em rigor, não tomamos decisões, são as decisões que nos tomam a nós. A prova encontra-se em que, levando a vida a executar sucessivamente os mais diversos actos, não fazemos preceder cada um deles de um período de reflexão, de avaliação, de cálculo, ao fim do qual, e só então, é que nos declararíamos em condições de decidir se iríamos almoçar, ou comprar o jornal, ou procurar a mulher desconhecida'.

(Saramago 1997, início do cap. 3)

Como é patente, esse aparentemente singelo texto de José Saramago é portador de uma carga cultural tão densa e tão profunda como pudemos entrever no § 6, e da verdade com ela condizente, posto que todos agem conforme a sua natureza mas ninguém *jaz* praticando, *alheado*, um *perpétuo* exercício de *onfaloscopia*, ou se passeia, perpetuamente, pela «colina dos prazeres» paretiana munido de uma medida imaginária, bem temperada e universal, a «balança das trocas» manuseada a quatro mãos como um concerto para dois pianos: a *esquerda* e a *direita* (dos *obstáculos* e dos *prazeres*) e a «diurna» e a «nocturna», para fingir, agora, a fraudulenta eternidade de um reiteradamente proclamado *«fim da história»* ([35]). Não é verdade?

14.5.2 E, já agora, por nos parecer que são as *«coisas»* que nos dominam ou governam, e nos constrangem a procurar sofrer os *males menores* ou *evitar o péssimo* em vez de, *livremente*, buscar os *maiores bens* de um *paraíso marginal*, ou *garantir o óptimo*, ainda aqui se não trata de uma qualquer fatalidade como que geológica, adepta a presidir à edificação de um brinquedo mecânico simplesmente causal e indiscriminante para espelhar o mundo, em que possamos incluir os numerosos indivíduos de uma realidade social crescentemente complexa e interactiva por definição. É que a real e evidente *alienação* dos *numerosos indivíduos* postos *à margem* dos cruciais centros de decisão, como Marx ensinou, não tem a ver com determinações dadas e inumanas, inelutáveis, como que pétreas ou minerais, posto que as *«coisas»* em que se cumpre a *«coisificação»* do mundo social ocorrem no sistema *mediante* um *sistema*, perfeitamente discernível, *de determinações* sociais, econó-

---

([35]) Para uma visita guiada a tão feitiço e ilusório *locus amoenus*, poderá conferir-se o *Apêndice* V de Almeida 1989, com o bom cuidado de ler a *prevenção* do título: '*Subida a uma "Colina de Prazer"* e *desaparição*'.

micas e políticas. Eis, pois, para terminar este capítulo, um célebre texto hoje sexagenário, de actualidade palpitante, casualmente por mim reencontrado há dias a ilustrar um livro muito recente e actual:

> "Parece que não somos nós que dominamos as coisas, mas sim as coisas que nos dominam a nós. Ora, esta aparência subsiste porque, por intermédio das coisas, alguns homens dominam outros homens. Só nos libertaremos dos poderes *naturais* quando nos libertarmos da violência dos homens. Se como homens queremos tirar partido do novo conhecimento da natureza, torna-se necessário acrescentar ao nosso conhecimento da natureza o conhecimento da sociedade humana".

> (Bertolt BRECHT, *Écrits sur le téatre*, 1939-40, *ap.* SOKAL & BRICMONT 1999, p 211, em epígrafe ao § 12.3, '*E a política, em tudo isto?*'; grifei "*naturais*")

Cabe-nos, *entretanto*, viver ou ir vivendo nesta versão DRD do *menos mau* dos mundos que nos são *dados* ou *conhecidos*, actualizando tranquilamente a benção friedmaniana de actuar '*free to choose*': exercitando, *quotidianamente*, o nosso grão de "liberdade cunhada" segundo Dostoievski, como «*consumidores soberanos*» de hamburgers de minhoca, anti-oxidantes diluídos e dioxinas empacotadas com frango anexo; e exercitando, *ciclicamente*, o nosso grão de liberdade política enquanto *cives optimo iure*, enquanto titulares de «capacidade eleitoral *activa*» (!), para o efeito *tumulando*, de dois em dois ou quatro em quatro anos, o nosso boletim de voto infinitesimal na respectiva *urna*, assim chamada por ironia involuntária dos *beati possidentes* que são os raros detentores efectivos (ou materializados; talvez ungidos...) de «capacidade eleitoral *passiva*» (!). Tentando, ao menos (por minha parte, ao menos), manter a lucidez e a liberdade (ou talvez a distância...) do judeu português que de Bento Espinosa se transformou forçadamente no holandês Baruch Spinoza, aliás sem sinagoga alguma que lhe valesse...

15. Neste *caleidoscópio*, que esteve a ser servido, *solenemente* (neste lugar de privilégio, hoje quase único no mundo), a um auditório qualificado, não figuram, de todo, alguns filões sabidamente explorados nas mais de sete décadas que decorreram entre a publicação do célebre artigo de Sraffa de 1926 até ao dia de hoje. Não quer isto dizer que tudo isso se desconhece ou menospreza: muito pelo contrário; o que sucede é que se procurou, como era *necessário*, apenas ferir, de toda uma *harmonia* aliás não isenta de *notas dissonantes*, as *notas dominantes* dos *temas* nucleares.

15.1 Alguns (muitos ou poucos) notarão, fatalmente, nesta *sonata e fuga* nitidamente em *tom maior* (com a minha e várias outras vozes, como é meu *timbre* conhecido; mas sempre sob a minha *direcção*...), uma ausência conspícua como a de James M. Buchanan (também um Prémio Nobel) enquanto explorador de um filão conhecido que aqui não se exibiu. E, na verdade, aquele autor americano, que aqui só está presente enquanto manualista, conjuntamente com a sua parceira Marilyn Flowers, foi um dentre os primeiros autores a explorar a "teoria dos clubes", tendo depois escrito, logo a seguir, junto com Gordon Tullock, o célebre livro *The calculus of consent*, de título aliciante, que o Professor Jacinto Nunes resume deste modo:

> 'Uma análise [...] sofisticada do papel do Governo é-nos dada pela teoria da "escolha pública" que descreve o comportamento do Governo não em termos nominativos, mas em termos dos *diferentes agentes do Governo*: a variedade das oportunidades e obrigações que eles têm de enfrentar';
>
> (JACINTO NUNES 1989, § I.1, p 339; *grifei*)

e o autor não ficaria por aqui, prosseguindo na senda aberta no início da década de sessenta até aos dias de hoje, nomeadamente (também de parceria, agora junto com George Brennan), com uma muito discutível *The reason of rules*, de 1987, que, por seu turno, o alegado "Cosciani «inteiramente renovado»" de há oito anos resume assim:

> "Buchanan e Brennan (198[5]) definiram a estrutura burocrática como sendo a de um *monopolista* que pretende maximizar a colecta dos impostos (um «Leviatão», na terminologia de Hobbes) e que só está vinculado pelas regras «constitucionais» que (im)põem limites ao poder tributário, ao recurso à dívida pública e à emissão de moeda. Segundo Buchanan e Brennan, são necessários vínculos constitucionais, quer para o *legislador*, quer para o *governo*, quer para a *burocracia*. Em particular, uma vez definidos limites rigorosos à dívida pública e à emissão de moeda (p. ex° pela imposição constitucional do princípio do *equilíbrio orçamental*), seria essencial definir a *escolha da matéria colectável* (*rendimento, consumo, património*) de modo a *impedir excessos de tributação*. A posição de Buchanan e Brennan, que parece evocar o *estado monopolístico* de De Viti de Marco, *dá o maior relevo ao indivíduo contribuinte-eleitor na sua relação «contratual» com os políticos e os burocratas*".
>
> ("COSCIANI 1991", § 2.6, p 43; *grifei*, salvo *"monopolista"* e *"estado monopolístico"*)

Para além de uma perdida *mais-valia* de *sensibilidade jurídica* de que Buchanan desde sempre deu mostras (vejam-se os termos destacados no resumo anterior, salvo a última frase, e, p. ex°, o § 2.2.3.3 do meu ALMEIDA 1992), é também evidente, pelo feliz extracto de *"Cosciani completamente rinnovato"* que se acabou de subministrar, que aquele «*neo*marginalismo *sofisticado*», com rara persistência e rara coerência exercitado pelo autor, está hoje sob a mira de uma crítica da *"teoria* (*marginalista) da decisão"* ou *"escolha* política", também no respeitante ao autor desta lição, precisamente quanto à figura desse hipotético «*indivíduo contribuinte-eleitor na sua relação "contratual" com os políticos e os burocratas*» (ver a última frase daquele mesmo extracto de "COSCIANI 1991"), nem mais nem menos *a outra* máscara (a máscara *política*) de uma *única* cabeça de Jano de que *uma* máscara (a máscara *económica*) é o «*soberano consumidor*» , nosso bem conhecido!

Ora sucede que eu acabo de pôr radicalmente em causa aquele mesmo tipo de «teoria da decisão» (cf ALMEIDA 1999c, especialmente o § 6.3 e a nota 18). Daí, principalmente, aquela ausência (aliás, curiosamente, suprida em parte precisa e *literalmente* ao escrever estas presentes linhas...), por um duplo *imperativo*: de *coerência* e *concisão*. Fica, contudo, e apesar de tudo, além das muitas alusões e notas remissivas várias para outros lugares, *o contributo essencial* para uma tomada de consciência sobre o *ser* e o *rosto* do verdadeiro protagonista da nossa lição de hoje, para que o pobre do *"estado* ou *governo"*, desconhecido e maltratado durante todos estes anos de economia e de política, consiga figurar, por fim, como protagonista de uma *teoria unificada económica* e *política* não evasiva que, pelos motivos óbvios que se vão revelando, terá permanecido, anos e anos, sem se cumprir.

15.2 Terminarei este capítulo por inserir aqui, quase que concordando «por unanimidade» com o autor, a conclusão fundamental da *versão curta* da obra para mim decisiva neste e para este visível desenlace desta nossa questão:

> "Concluo que uma teoria verdadeiramente útil da acção do governo numa democracia [...] deverá ser *de natureza simultaneamente económica e política*. Neste artigo procurei delinear uma tal teoria. A tentativa demonstra, pelo menos, até que ponto os economistas e os cientistas políticos terão de depender uns dos outros com vista a analisar a tomada de decisão pelo governo, que constiui a maior força, económica e política, do mundo de hoje". ([36]).
>
> (DOWNS 1957a, p 904, a concluir; *grifei*)

([36]) Ao signo de elisão da citação de Downs correspondia, precisamente, o inserto na base da asserção com que abre a nota 13 (*"ou em qualquer outro tipo de sociedade"*: '*or in any other type of society*', no original). Por certo o autor não teria querido dizer «modelo» global, para abarcar todas as hipótese: a *"concorrência*

Anthony Downs, tendo nascido em 1930, lançou as bases do seu sistema aos vinte e sete anos e vai fazer, em breve, os setenta do cânone. E se, ao longo destes quarenta e tantos anos, a ostensiva e distraída, interesseira indiferença quase geral dos «financistas» e «economistas públicos» *desconheceu* ou *ignorou* a enorme importância deste seu contributo para a ciência e para a própria salubridade de uma ciência que continua presa de uma zelosa razão prática serva de preconceitos deveras resistentes ([37]) é, pelos vistos, para o autor, um merecido prémio de

---

monopolista", tendencialmente do tipo *"oligopólio"* (do tipo *"jogo a dois"*), *entre os* limites do intervalo, e o «limite limite *à direita*» que se excluíu do "intervalo *aberto"* do nosso *espaço lógico* (ver ou rever o § 5 e a nota 5). Nesta «última instância» desta última nota caberá, finalmente, registar *impressivamente* a observação seguinte: Se já assim não era há quarenta e dois anos, como o não era ante o reflexo ou refracção alegadamente «leninista» (?!) da chamada «teoria do monopolismo capitalista de estado», nos dias de hoje — de «globalização», «deslocalização» e do império indisputado do «complexo militar industrial» da «superpotência» sobrante e, em geral, dos grandes grupos de interesses económicos — parece algo ridículo falar, como o autor *então*, no *"estado* ou *governo"* como constituindo "a maior força, económica e política, do mundo" (*'the most* [*sic*] *important economic and political force in the world today'*, no original).

([37]) Quanto às *"Finanças Públicas"* tradicionais, o comum dos seus "livros de texto" ignora pura e simplesmente Zeuthen e Hotelling, e Schumpeter e Downs, com excepções muito contadas como a constituída pelo "Cosciani completamente renovado" (i. e., Cosciani 1991"), com seu carácter enciclopédico postumamente erguido sobre o discurso próprio do Cosciani histórico (confrontar com Cosciani 1977, a 8ª ed., uma das últimas publicadas sob a responsabilidade do autor); mas a mais típica e cerebrina das atitudes a tal respeito é a do mestre conformista por excelência que é o par designado por Musgrave & Musgrave, o qual, citando em nota Schumpeter 1950 e Downs 1957b sobre "uma concepção do papel dos políticos e o processo de representação", assevera o seguinte: "Este modelo, tal como o [esboçou o famoso economista Joseph Schumpeter e o] elaborou em pormenor Anthony Downs, oferece *uma interpretação intrigante* do processo democrático" (Musgrave & Musgrave 1989, § 7. B.2, p 96; e já assim também ao menos a partir da 2ª ed., de 1976, lugar equivalente, § 5.B.1, com o inserto entre colchetes eliminado no entretanto...), que passa a descrever, *aliás marginalisticamente*, assim exterminando para o limbo ou inferno *marginal* das raridades *intrigantes* uma concepção e um modelo que seria de esperar que, ao menos em princípio, e apesar de tudo, lhe não desconviessem... Quanto à *"Economia Pública"*, os manuais que não prescindem de uma qualquer referência a esta linha de investigação não lhe prestam justiça, sendo neles *visível*, pelo contrário, a presença forçosa (e algo insidiosa...) de um *princípio de vida* que, *pelos vistos*, é de carácter *universal*, sem excepção dos próprios paradigmas *agonizantes* (e a' goniᵉ a é *luta*: luta de *morte*...): *'Perseverare in se esse'*! Outro interessante caso é o de Brown & Jackson 1990 (§ 4.8, *'An economic theory of politics'*, pp 109-15), que visa o mesmo fito de procurar manter o que se reconhece constituir "um novo ramo da teoria da escolha política, o dos *modelos espaciais de escolha política*, que é dependente da anterior

Jubileu ver-se cumprido o seu sistema igualmente *hic et nunc*, i. e., também na nossa inimitável «Democracia Representativa Degradada» (sigla, DRD), tão pontual e retumbantemente como era de esperar ([38]).

análise espacial da competição de Hotelling" (p 109) como que «à margem»do cânone *micro*analítico, *marginalista* e *normativo* em que procura permanecer encasulado com a possível tranquilidade; não obstante reconhecer que, "Em 1957, Anthony Downs escreveu um livro importante e influente" (*ibid.*, a abrir), o manual procura convencer que o autor referido não ensaiou retratar o mundo da política, tendo antes *perguntado* "Qual seria a representação de um sistema político *se* ['*if*'] dele a fizessem parte políticos racionais e maximizadores de votos", e que teria *concluído* "que um tal sistema se comportaria *como se* ['*as if*'] se tratasse de uma *real democracia*" (*ibid.*; grifei)! A uma tal *realidade* (ou uma tal *ficção...*), que estes autores designam, com visível distância, como constituindo "um *mundo downsiano*" (*ibid.*, p 110), opõem eles, como se vê, "uma *real democracia*" constituída por soberanos constituintes dos deputados ou mandatários imediatos e, mediatamente, dos governantes — "mundo *downsiano*" que assim seria um pesadelo felizmente irreal porque, alegadamente, "Num mundo downsiano, portanto, o comportamento dos partidos políticos e representantes eleitos se guia pelo *interesse próprio* e não pelo objectivo idealizado do *interesse público*" (*ibid.*; grifei), uma asserção beata e amuada que, além do mais, revela que os autores não entenderam nada da lição de Schumpeter já aqui extractada, no § 10! NOTA DE ÚLTIMA HORA: 12.4 Mas o melhor, sob este aspecto, estava então para vir, sob a espécie de um excelente pequeno artigo de um conhecido e atento economista, Francisco Melro (ver a única página, a 4 cols., do artigo MELRO 1999, e o par de *gráficos* que o integra), elaborado e escrito logo a seguir às eleições parlamentares (aliás, desconhecendo ainda a singularidade indígena então verificada, com a *maioria relativa maior possível* contemplando o *governo* em situação de *empate* com a *oposição*, passando a deter ambos, exactamente, 115 deputados eleitos, i. e., metade, exactamente, dos 230 mandatos em jogo!). O autor analisa uma série de 13 anos de economia e de política (à) portuguesa (de 1987 a 1999), procedendo ao confronto (1) entre (1.1) o "indicador de *confiança dos consumidores*" (só 'apurado desde Julho de 1986, o que nos impede de comprovar a robustez das conclusões para um prazo mais alargado') e (1.2) o indicador do "*crescimento real do rendimento das famílias*" (que F. M. define com precisão já perto do final do artigo), dando lugar, graficamente, a um par de *curvas praticamente sobrepostas* (*gráfico 2*, à esqª na figura 8), e (2) entre (2.1) aquele mesmo "indicador de *confiança dos consumidores*" (indicador 1.1, enquanto sucedâneo do indicador 1.2) e (2.2) os *resultados das eleições parlamentares* de 87, 91, 95 e 99 (para escalas conformáveis, como é óbvio: *gráfico 1*, à dtª na figura 8), para concluir, de uma maneira realmente "robusta", que 'os partidos do governo obtêm bons resultados nos momentos em que os cidadãos estão confiantes na economia e maus resultados quando predomina o pessimismo' e que, *no fim de contas*, 'do ponto de vista económico, as avaliações dos *consumidores* não são nada tolas' (*grifei*). *Q. E. D.*!

([38]) Uma vez mais, e *como sempre* (cf, p. exº, a nota 86 de ALMEIDA 1998a e a nota 22 de ALMEIDA 1998c), *compensa estar atento*. Ao completar o polimento da base escrita da presente *lição*, pude ler e transcrevo as observações seguintes de uma observadora atenta e perspicaz da actual DRD: 'Não há qualquer diferença, em termos práticos, entre socialistas e sociais-democratas [...] — não há valores, ideias ou programas, é um

Uma excepção notável é, no entanto, constituída pelas *"Lições de Economia Pública"* ATKINSON & STIGLITZ 1980 ([39]) que, embora só entrando *demasiado tarde* numa questão fulcral como é a da *racionalidade* do verdadeiro *protagonista* e do próprio desenho da sua obra (na *10ª lição*, precisamente sobe *"As teorias do estado e da Economia Pública"*), e embora considerando que "a concepção segundo a qual os partidos são simples organizações para conquistar o poder político é, claramente, *apenas uma caricatura"* ([40]), reconhecem ser tarde (após um tratamento marginalista

------

mero exercício de gestão em alternância democrática' (Clara PINTO CORREIA, *Visão*, 19 de Agosto de 1999). Como afirmara Anthony Downs, não há *prospectos* ou *programas* ideológicos diferentes, a cumprir, por parte dos partidos e das coligações, mas sim uma estratégia global e comum: *maximizar os votos na próxima votação*; como observara Harold Hotelling em relação à *«cidra»* (leia-se *«cola»*, ou leia-se *«gasosa»*...), aos credos religiosos e às ideologias (digamos, *«positivas»*...), em todos eles está presente a «mesma mesmidade» ou a «mesma mesmice», à livre escolha do soberano consumidor!

([39]) Outra excepção, talvez a mais notável, é a constituída por outro livro do mesmo ano, CULYER 1980, intitulado, aliás infelizmente, *"A Economia Política da Política Social"*: foi esta obra que me chamou a atenção para este(s) tema(s) e, mais que isso, me seduziu. É um livro importante de um autor importante, que instantemente se recomenda aqui. Porém, neste domínio, o crucial ponto de arranque para uma nova reflexão parece ser o excelente artigo HOCHMAN & RODGERS 1969 a que A. J. Culyer dá um enorme relevo e que lancou, há trinta anos, os fundamentos para uma nova reflexão sobre esta problemática, a começar, 'Da capo', pela demolição da "abordagem neoclássica das finanças públicas identificada com Richard Musgrave" (*sic* HOCHMAN & RODGERS 1969, *Incipit*), ao por em causa a «divisão» dos motivos (*móbeis*; e dos próprios *agenda*) públicos e privados *à la marginaliste* (o *altruísmo puro* e o *egoísmo puro*) sob a espécie da *redistribuição*, lançando no comércio de tais especiarias a expressão irónica "as *legalized* Robin Hood" aplicada ao estado, utilizada no § 1 desta *lição*, e concluindo o seguinte em relação às consequências lógicas da adopção da perspectiva convencional: "Cremos que esta linha de racinínio é enganadora, pois implica que a redistribuição não rende benefícios às partes que a financiam, constituindo assim um puro e simples peso morto, segundo aquele ponto de vista. A implicação nada oferece de aliciante, para dizer o menos. A ser aceite, a redistribuição operada pelo estado só poderá explicar-se como uma actividade de *um legalizado Robin Hood*, e a redistribuição operada através das instituições privadas parece implicar uma pura e simples irracionalidade" (HOCHMAN & RODGERS 1969, p 542 I; *grifei*). Infelizmente, a obra promoveu a sua tentativa de *unificação* da racionalidade dos operadores económicos, públicos e privados, sob a espécie do *altruísmo* (não haveria, tendencialmente, como "motivos impulsivos", *«vícios»* comuns, mas sim e só comuns *«virtudes»*, por parte de uns e outros, para falar ao modo de Mandeville...), assim levando, pois (ao que parece, trinta anos decorridos...), a um novo *beco sem saída* (ou *'dead alley'*, na quase irresistível língua franca dos nossos dias...).

([40]) *Sic* ATKINSON & STIGLITZ 1980, § 10.2.4, p 308. Claro que não tem sentido, no respeitante a um *modelo formal* (mais propriamente, à sua *axiomática*), dizer que

convencional da *"Economia Pública")* e, de maneira implícita, a intransitividade do *espaço lógico* daquele *cânone* e o de um *jogo estratégico* com *jogadores* e com *jogados,* como é o da *política,* com toda a nitidez:

> "Até a este ponto, discutimos a *agregação* das *preferências individuais directamente* numa *decisão pública.* [*Contudo,* c]om poucas excepções, *quase todas as decisões, no sector público, são tomadas por representantes eleitos ou funcionários públicos.* Ocasionalmente, um *referendum* impõe constrições directas à acção dos representantes, mas isso tende a ser a excepção na maior parte dos países".

> ATKINSON & STIGLITZ 1980, § 10.2.4,
> '*Representative democracy*', *Incipi*t, p 307; *grifei* ([41]))

Estamos, portanto, em face de *duas categorias* bem definidas, embora não fechadas, no aspecto *formal* ([42]): *jogadores* e *jogados* ou os

---

ele é "apenas uma *caricatura*" do *real-racional* que visa traduzir, pois um *modelo,* para ser *útil,* e pela sua própria *definição,* não pode passar disso: pois o que é um modelo (principalmente no nosso campo das *ciências sociais*) senão aquilo mesmo: uma entidade de lógica *mediadora* de uma *realidade* (*social*) *irredutivelmente complexa,* entidade essa tornada *útil* e *viável* precisamente por meio de *traços carregados* ou *caricaturais* (cf, p. ex°, ALMEIDA 1998b, §§ 7.5.1-3. Note-se, desde logo, que as formas verbais italianas '*caricare*', '*caricato*' e '*caricatura*' — um *infinitivo,* um *particípio passado* e um *particípio futuro,* com as duas últimas há muito incorporadas na nossa língua, e com a última adaptada a quase todas — correspondem morfologicamente às do português vernáculo '*carregar*', '*carregado*' e '*carregadura*'). Porém, os autores em referência não se referem (só) ao *modelo* (digamos, *gráfico,* aliás já aqui criticado na sua grosseria: ver o § 11.1), mas sim, expressamente, à própria "*concepção*" dos *protagonistas* deste *jogo* como *maximizadores das votações.* É claro que existem outras finalidades a comandar o exercício da política por parte dos «cidadãos com capacidade eleitoral *passiva*» com uma actuação coroada de êxito *enquanto tais,* sem excluir inteiramente a *de «fazer o bem»,* segundo a *tábua de valores* da sua *ideologia;* é, porém, a meu ver, claro igualmente que a *caça aos votos* é sempre um *meio necessário* do *acesso ao poder,* e este um meio necessário da pura e simples possibilidade de «fazer o bem». É claro, por fim, que a *mera caça aos votos* e as *ideologias prospectivas* estão ambas *sempre presentes,* e *em doses variáveis,* segundo a *situação.* Mas confundir os meios com os fins é não ter aprendido a lição principal, de Joseph Schumpeter: ver o final da nota 36.

([41]) Além de ter frisado as expressões *grifadas* atrevi-me, no caso, muito excepcionalmente, a antepor à segunda asserção a conjunção adversativa que vai entre colchetes, para chamar a atenção do leitor diligente sobre a eventualidade de um certo estado de *desassossego* (como é, visivelmente, o caso dos autores do excerto...) se poder *reflectir* na própria *estrutura lógica* do seu *discurso*! Ser "*excepção*" uma figura como o *referendum* parece duvidoso: cf ALMEIDA 1998c, nota 21).

([42]) Está, certamente, ainda na memória de todos a série televisiva britânica da BBC, de há uns dez anos, intitulada '*Yes, Minister!*', e a sua verdade fundamental sobre *quem permanece para além das eleições,* discretamente localizado nos *centros do poder político.* Por outro lado, "*Numa hierarquia, cada empregado tende a atingir*

sujeitos e *objectos* do *jogo do poder político* no mais amplo sentido: de um lado os escolhidos *beati possidentes* do seu grão de poder, nas suas várias sedes: *representantes eleitos* e *funcionários públicos* ([43]), dirigentes sindicais, donos dos «meios de comunicação *social*» (!), «directores espirituais» de todos os quilates e extracções, forças armadas e de polícia, «juízes *de direito*», «homens *do futebol*»; do outro lado, a multidão inextricável e irredutível dos escarninhamente proclamados como «consumidores soberanos» *ou* cidadãos detentores de «capacidade eleitoral *activa*», que são os mesmos de sempre e do costume!

16. E assim nos fica, por contraste, e para honra da profissão, recuperada e exposta uma quase ignorada linha de investigação que se afigura a única viável em relação ao tema desta *lição*, a que se ligam grandes nomes como os de Piero Sraffa, Joseph Schumpeter, Frederik Zeuthen e Harold Hotelling, Michal Kalecki e Johan Henrik Åkerman e, finalmente, Anthony Downs.

Como viria a concluir lapidarmente F. van der Ploeg, especialmente para a espécie constituída pela já longa e importante série de estudos sobre os "ciclos económicos políticos",

> "a principal lição a retirar destes estudos é o tratamento do governo como um *animal político* preocupado com a sua *própria sobrevivência*, em vez de um ditador benevolente preocupado com o *bem estar social*, o que conduz a uma prespectiva *positiva* em vez de *normativa* quanto à formulação da *política económica*, e a uma compreensão mais profunda do ciclo económico político".
>
> (VAN DER PLOEG 1987, p 904, a concluir; *grifei*)

À parte o subtil odor a *organicismo* que se desprende do excerto, na verdade, é assim!

---

o seu nível de incompetência" (ou, no original, '*In a hierarchy, every employee tends to rise to his level of incompetence*'; cf PETER & HULL 1970, aliás sem carecer de abrir o livro e ir além, portanto, da capa da brochura...), como assegura uma das *duas grandes verdades marginalistas*, embora esta *descontínua* e *perversa*, por isso mesmo silenciada como se não passasse de uma inocente brincadeira... E assim sucede nas *hierarquias*, estaduais e *empresariais*... E, já agora, a outra dessas duas grandes verdades, embora não "perversa", é literalmente *trivial* e viu-se proclamada por Joan Robinson, mediante o nítido sarcasmo segundo o qual "*Cada um age quando e enquanto lhe vale a pena*": cf ALMEIDA 1989, § 7, principalmente p 47.

([43]) Em inglês actual, porém *substancialmente* anterior à '*Glorious Revolution*', os ditos '*civil servants*'...

Referências (*):

ÅKERMAN 1947, Johan Henrik, *Political economic cicles*, KYK 1 (2), pp 107-17;

ALMEIDA 1989, Aníbal, *Prelúdio a uma reconstrução da economia política*, dissertação para doutoramento em Ciências Económicas na Faculdade de Direito de Coimbra, BCE, vols. 31 (1988) a 35 (1992), e ed. em livro pela Ed. Caminho, Lxª, 1989;

ALMEIDA 1992, Aníbal, *Relatório com o programa, os conteúdos e os métodos de ensino teórico e prático da disciplina de **Economia e Finanças Públicas**, elaborado com vista a um concurso para professor associado do Grupo de Ciências Económicas da Faculdade de Direito da Universidade de Coimbra*, 'Coimbra, 1991', policopiado;

ALMEIDA 1995, Aníbal, *Imposto regressivo e redistribuição*, BCE 38, pp 113-55;

ALMEIDA 1997, Aníbal, *Sobre o espaço lógico da discriminação*, separata do BCE 40;

ALMEIDA 1998a, Aníbal, *Do "oscilador de Samuelson" ao espectáculo da "propulsão"*, separata do BCE 41;

ALMEIDA 1998b, Aníbal, *Relatório "com o programa, os conteúdos e os métodos de ensino teórico e prático" de uma disciplina de* Economia Pública*, elaborado com vista à Agregação em Ciências Jurídico-Económicas pela Faculdade de Direito da Universidade de Coimbra*, Coimbra, policopiado, ed. do autor;

ALMEIDA 1998c, Aníbal, *Indecidibilidade, intransitividade e impasse na "teoria da decisão"*, BCE 41, pp 1-38;

ALMEIDA 1999, Aníbal, *Estudos de Direito Tributário*, 2.ª Edição, Coimbra, Livraria Almedina;

ALMEIDA 2000, Aníbal, *Do "Oscilador de Samuelson" ao espectáculo da "Propulsão"* inicialmente publicado no BCE, vols. 41 (1998) e 42

(*) **Siglas:** AER: "The American Economic Review"; BCE: "Boletim de Ciências Económicas" da Faculdade de Direito da Universidade de Coimbra; BFD: "Boletim da Faculdade de Direito" da Universidade de Coimbra; CUP: "Cambridge University Press"; ECJ: "The Economic Journal"; ECN: "Economica" ('*new series*'); EDE: "Estudos de Economia"; FCG: Fundação Calouste Gulbenkian; INCM: Imprensa Nacional/Casa da Moeda, Lxª; JEL: "The Journal of Economic Literature"; KYK: "Kyklos"; NPD: J. EATWELL, M. MILGATE & P. NEWMAN (eds.), *The New Palgrave: A Dictionary of Economics*, em 4 vols., Londres, Macmillan, 1987; P&P: "Papers and Proceedings of the American Economic Association"; QJE: "The Quarterly Journal of Economics"; RE(&)S: "The Review of Economic(s and) Statistics"; UCP: University of Chicago Press; RES: "Review of Economic Studies"; UMP: "University of Michigan Press".

(1999), posteriormente (re)editado em livro, com um *Prefácio à edição definitiva*, Coimbra, Livraria Almedina;

BEHERENS & SMOLENSKY 1973, Jean & Eugen, *Alternative definitions of income distribution*, em «Public Finance/Finances Publuques» 28, pp 315-31;

ALMEIDA GARRETT 1989, João Ruiz de, *Lições de Economia e Fianças Públicas ao 3° Ano Jurídico de 1988-1989 da Universidade Portucalense*, Porto, ed. policopiada;

BUCHANAN & BRENNAN 1985, James M. & George, *The reason of rules*, CUP;

BUCHANAN & TULLOCK 1961, James M. & Gordon, *The calculus of consent*, Ann Harbor, UMP;

BUCHANAN & FLOWERS 1980, James M. & Marilyn R., *The Public Finances. An introductory textbook*, 5ª ed., Homewood (Ill., USA), Richard D. Irwin;

CARVALHO 1997, Orlando de, *Para um novo paradigma interpretativo: O projecto social global*, 'Conferência proferida na sessão de encerramento das Comemorações dos Quatrocentos Anos da Casa da Relação do Porto, no Tribunal da Relação desta cidade, a 19 de Outubro de 1991. O texto foi inicialmente publicado em 1994, no relato dessas Comemorações feito sob os auspícios da Fundação Eng° António de Almeida'), FFD 73, pp 1-17;

CHAMBERLIN 1933, Edward H., *The theory of monopolistic competition*, Londres & NY, McMillan;

"COSCIANI 1991", Cesare, *Scienza delle Finanze*, '*Edizione* **completamente rinnovata** *a cura di Bruno Brises, Giuseppe Campa, Giuseppe Dallera e Ruggero Paladini*', Turim, UTET;

DAMÁSIO 1995, António R., *Descartes' error: Emotion, reason and the human brain* (1994), trad. port. de D. Vicente & G. Segurado, intitulada *O erro de Descartes: Emoção, razão e cérebro humano*, Mem Martins, Europa-América;

DOWNS 1957a, Anthony, *An economic theory of political action in a democracy*, JPE 65 (2), Abril, pp 135-50;

DOWNS 1957b, Anthony, *An economic theory of democracy*, ed. brochada, com um prefácio de Stanley Kelley, NY, Harper & Row;

ECKSTEIN 1970, Otto, *A survey of the theory of public expenditure criteria*, Princeton University Pres, 1961, pp 439-94, reimpr. em HOUGHTON 1970, pp 216-76;

(ESPINOSA, Bento de: ver SPINOZA (1961-5), Baruch);

HERBER 1983, Richard P., *Modern Public Finance*, 5ª ed., Homewood (Ill., USA), Richard D. Irwin;

FEIWEL 1974, George R., *Reflections on Kalecki's theory of political business cycle*, KYK 27 (1), pp 21-48;

FRIEDMAN 1983, James W., *Oligopoly theory*, CUP;

FRISCH 1933, Ragnar, *Propportions problems and impulse problems in dynamic economics*, nos *Economic essays in honour of Gustav Cassel*, Londres, Mcmillan, pp 293-313;

HOBBES 1994, Thomas, *Leviathan, or the matter, form, and power of an eclesiastic and civil state* (1651 [1]), trad. port. de J. P. Monteiro & M. B. Nizza da Silva, intitulada *Leviatã*, com um prefácio de João Paulo Monteiro, Lxª, INCM;

HOBBES 19..., Thomas, *The elements of law, natural and politic. I — Human nature — or Fundamental elements of policy. II — De corpore politico — or Elements of law, moral and politic* (1641 [1]), trad. port. de F. Couto, intitulada *Elementos de Direito Natural e Político*, Porto, Resjuridica, s. d.;

HOCHMAN & RODGERS 1969, Harold M. & James D., *Pareto optimal distribution*, AER 59 (3), Setº, pp 542-5757;

HOTELLING 1929, Harold, *Stability in competition* ('Presented before the American Mathematical Society at New York, April 6, 1928, and subsequently revised'), ECJ 39 (1), Março, pp 41-57;

JACINTO NUNES 1989, Manuel, *As reprivatizações*, originariamente public. no vol. de 1987 da "Revista da Banca", nº 4, de Outº/Dezº, e reimpr. nos seus *Temas económicos*, Lxª, IN/CM, 1989, pp 237-55;

KALDOR 1935, Nicholas, *Market imperfection and excess capacity*, ECN (*n. s.*) 2 (1), Fevº, pp 33-50 (reimpr. em STIGLER & BOULDING 1952, pp 384-403);

LERNER & SINGER 1937, Abba P. & H. W., *Some notes on duopoly and spatial competition*, JPE 45 (1), Março, pp 145-86; MANDEVILLE 1970, Bernard, *The fable of the bees* (1714[1]; 1724[4]), 'edited with an introduction by Phillip Hart', Harmondsworth (Mx, UK), reimpr. de 1989;

MARSHALL 1961, Alfred, *Principles of economics. An introductory volume*, (1890[1]; ... ; 1920[8]), 9ª ed. ('*variorum*'), em 2 vols., a cargo de C. W. Guillebaud, Londres, Mcmillan;

MARX 1962, Karl, *Das Kapital. Kritik der politischen Ökonomie* (livro I), (1867[1]; 1873[2], 1883[3]), Berlim, *MEW* 23;

MARX 1963, Karl, *Das Kapital. Kritik der politischen Ökonomie* (livro II), (1865-60; 1877-8), (1885[1], ed. por Friedrich ENGELS), Berlim, *MEW* 24;

MEDINA CARREIRA 1999, Henrique, no "Diário Económico", de 16 de Agosto de 1999;

MELRO 1999, Francisco, *O voto dos consumidores*, no "Público" ("Economia"), de 25 de Outubro de 1999, p 25;

MILL 1929, John Stuart, *Principles of political economy with some applications to social pholosophy*, (1848[1]; ...; 1871[7]), com uma *Introd.* de W. J. Ashley, (1909[1]), "nova impressão", Londres, Longmans;

MOURA 1981, Francisco Pereira de, *Ciclos políticos e modelos político--econométricos*, EDE 1 (3), Ag°, pp 263-88;

NEWMAN 1960, Peter, *The erosion of Marshall's theory of value*, QJE 74 (4), pp 587-600;

NIETZSCHE 1997, Friedrich, *Obras escolhidas*, trad. port. em 7 vols., tradutores vários, com uma Introdução geral de António Marques, Lxª, Relógio d'Água;

NORDHAUS 1975, William D., *The political business cycle*, RES 42 (2), Abril, pp 169-90;

PASINETTI 1974, Luigi L., *The economics of effective demand*, no seu *Growth and income distribution: Essays in economic* theory, CUP, pp 29-53;

PINTO CORREIA 1999, Clara, na "Visão", de 19 de Agosto de 1999;

QUESNAY 1973, François, *Tableau (o)economique du monde* (1758 [1]; 1759 [2]), trad. port. de Teodora Cardoso, intitulada *Quadro económico*, com um prefácio de Bento Murteira, Lxª, FCG;

ROBINSON 1933, Joan, *The economics of imperfect competition*, Londres, Macmillan;

ROBINSON 1978a, Joan, *Contributions to modern economics*, Oxford, Basil Blackwell;

ROBINSON 1978b, Joan, *A lecture delivered at Oxford by a Cambridge economist*, em ROBINSON 1978a, pp 137-45;

SARAMAGO 1997, José, *Todos os nomes*, Lxª, Ed Caminho;

SAMUELSON 1939, Paul A., *Interactions between the multiplier analysis and the principle of acceleration*, RE(&)S 21 (2), Maio, pp 75-8;

SAMUELSON 1980, Paul A., *Economics*, 11ª ed., Tóquio &c, McGraw-Hill;

SAY 1961, Jean-Baptiste, *Traité d'économie politique, ou simple exposition de la manière d'on se forment, se distribuent et se consomment les richesses* (1803[1]; ...; 1826[5]), 7ª ed., "de acordo com a 6ª " (ed. póstuma, organizada pelo filho do autor, Horace Say, com uma notícia biográfica por A. Clément), Paris, Guillaumin & Cie;

SCHUMPETER 1930, Joseph A., *Preface* a ZEUTHEN 1930, pp *vii-xxii*;

SCHUMPETER 1950, Joseph A, *Capitalism, socialism and democracy*, NY, Harper & Brothers;

Smithies 1941, Arthur, *Optimum location in spatial competition*, JPE 49 (3), Junho, pp 423-39;

Sokal & Bricmont 1999, Alan & Jean, *Imposturas intelectuais*, 'edição portuguesa' com base no original francês *Impostures intellectuelles* (Paris, Odile Jacob, 1997), em trad. de Nuno Crato & Carlos Veloso, com um *Prefácio à edição portuguesa* pelos autores, Lxª, Gradiva;

Sousa Franco 1992, António L., *Finanças Públicas e Direito Financeiro*, em 2 vols., 4ª ed., Coimbra, Almedina;

Spinoza (1958-65), Baruch (aliás, Bento de Espinosa), *Ethica ordine geometrico demonstrata* (1667 [1]), em cinco partes, trad. port. em 3 vols., de Joaquim de Carvalho (Parte I, vol. I, com Introdução e notas, 1958), Joaquim Ferreira Gomes (Partes II e III, vol. II, 1962) e António Simões (Partes IV e V, vol. II, 1965), intitulada *Ética demonstrada à maneira dos geómetras*, Coimbra, Atlântida;

Sraffa 1926, Piero, *The laws of returns under competitive conditions*, ECJ 36 (4), Dezº, pp 535-50;

Sraffa 1960, Piero, *Production of commodities by means of commodities. Prelude to a critique of economic theory*, CUP;

Stigler 1973, George J., *Micropolitics and macroeconomics: General economic conditions and national elections*, AER 63 (2), AER (P&P), Maio, pp 160-7;

Stigler & Boulding 1952, George J. & Kenneth E. (eds.), *Readings in price theory* 'Selected by a Commitee of the American Economic Society', Chicago, Richard D. Irvin;

Teixeira Ribeiro 1991, J. J., *Apostila ao Comentário de Carlos Laranjeiro*, separata do BCE 34;

Teixeira Ribeiro 1995, J. J., *Lições de Finanças Públicas*, 5ª ed., Coimbra Editora;

Trigoso 1933, Francisco Manuel, *Memórias de Francisco Manuel Trigoso de Aragão Morato* (1777 a 1824) 'começadas a escrever por ele mesmo em pricípios de Janeiro de 1824 e terminadas em 15 de Julho de 1835, revistas e coordenadas por Ernesto de Campos de Andrada', Coimbra, IUC;

Van der Ploeg 1987, F., *Political business cycle*, NPD 3, pp 903-4;

Zeuthen 1930, Frederik, *Problems of monopoly and economic warfare*, com um prefácio de J. Schumpeter, Londres, Routledge;

Zeuthen 1933, Frederik, *Theoretical remarks on price policy: Hotelling's case with variations*; QJE 47 (2), Fevº, pp 231-53.

(On the rationality of the "state or government" as an economic operator)

Abstract

1. As a consequence of the *liberal* faith professed by the most influent members of the *British Classical School*, and in the face of the «minimal» character of the rather modest *agenda* of "*liberal* state" ('*Justice, Police and Arms*', after Adam Smith), "*government*" was then *ignored* in both senses (the *active* and the *passive*) of the verb "*ignore*", which the members of that school happily flexioned in all its modes of flexion.

2. With the emergence and triumph of the *marginal paradigm*, whose numerous promoters and managers shared the same liberal faith professed by their predecessors, in relation to whom almost all of them viewed themselves as mere *up-to-date followers* (as so so called «*Neo*classics»; see, for instance, § 13 of my essay ALMEIDA 1989), all remains basically the same, however with the irreducible difference between the *liberty* on the part of the first, in contrast with the *necessity* of the last ones, as far as the new paradigm, in the essential and technical *microcosm* peculiar to its kind of analysis, must be «free from» any social *consistency*, any social *connections* or any social «*scenery*». Within the new paradigm, as Sraffa could say, one could not find government in marginal treatments because government simply was not there to be found. Under both schools, "government" as an economic operator is necessarily rejected and thrown away to the theoretical limbo of tendentially normative «public finance».

3. With the emergence and triumph of the so called «*Neoclassical synthesis*», which soon took the place apparently to be reserved to the «*Keynesian revolution*», if the dominant conception of the "*state* or *government*" tends, at the one hand, to conceive of it as an insubstantial giant, a supposedly *non egotist* promoter of its new *agenda* as a "*social* state" (namely, "resource allocation" of «public goods», "*redistribution*" of national income, and "*stabilisation*" of the system), it also tends, at the other hand, to conceive of it as a clumsy and obnoxious giant, exerting its *force* of coercion over private "trading bodies" when «intruding» in the *liberty hemi*sphere of particular production and consumption. As a result of such a biased conventional view, the new "*public sector economics*" could only develop «*at the margin*» of «*mainstream economics*».

4. Within such a «scientific» and «professional» framework, only in an eccentric and gradual way it became possible a progressive mutation of perspectives on this problem to be attained as a consequence of the isolated work by some exceptional and rare economists such as Sraffa, Hotelling, Zeuthen, Kalecki, Joan Robinson and Schumpeter (especially the first and the last ones), so being possible to a non conformist, young economist as Downs to provoke the explosion of a «mainstream» vision so coriaceously *"perseverant in its own being"* and to obtain a realistic view on the rationality of a political mechanism such as those that we can find in representative democracies of our time.

5. Finally, the author asserts the necessity of a dialogue between economists and political scientists in order to obtain an unified theory of social science on that matters, which are not to be dealt by means of formal treatments of a «decision theory» kind, that are unable to include the mass of «innumerable individuals» that suffer the results of such a kind of games in a representative (not direct) democracy as those which are to be found (and to be studied) *in this world.*

Keywords:

Names: Johan Henrik Åkerman; Aristotle; Bertolt Brecht; Charles Darwin; Anthony Downs; Bento de Espinosa (Baruch Spinoza); Thommas Hobbes; Harold Hotelling; Nicholas Kaldor; Michal Kalecki; John Maynard Keynes; Bernard Mandeville; Alfred Marshall; Karl Marx; Vilfredo Pareto; François Quesnay; David Ricardo; Joan Robinson; José Saramago; Joseph A. Schumpeter; Adam Smith; Piero Sraffa; P. H. Wicksteed; Frederik Zeuthen.

Ideas: Government *'agenda'*; economic cycles (trade cycles; business cycles); "economic-political cycles", or "political-economic cycles"; "struggle for life"; "class struggle" (*'Klassen Kampf'*); "struggle for power and office"; economic theory; political theory; liberal state; social state; maximization of votes; *'perseverare in se esse'*; representative democracy; *"state or government"*; state or governmental functions.

Indecidibilidade na "teoria da *decisão*" *

[1] '*I am divided from mankind, a solitaire, one banished from human society. [...] I have no soul to speak to, or relieve me.*

Daniel DEFOE, Robinson Crusoe, cap. 7 ('I build my fortress')

[2] *He was a comely, handsome fellow, perfectly well made, with straight strong limbs, not too large, tall and well-shaped, and, as I reckon, about twenty-six years of age. [...] I began to speak to him and teach him to speak to me; and first, I made him know his name should be Friday [...]. I likewise taught him to say "Master," and then let him know that was to be my name'.*

Daniel DEFOE, Robinson Crusoe, cap. 19 ('I call him Friday')

[3] '*Qui quos nemo propter ignobilitatem nominat sexcenti sunt*'.

CÍCERO, Pro Roscio Amerino

---

* O presente *exercício de estilo* ("**created: 19-08-94; 12:55**" e retomado entre 11 e 28 de Setembro de 1998) — que está na base, quer do meu artigo *Sobre o espaço lógico da discriminação*, recentemente publicado nesta mesma revista (BCE 40, de 1997, pp 1-12), quer de uma nota (a nota 8) de um *Relatório sobre uma disciplina de Economia Pública* recentissimamente concluído por mim, quer, finalmente, ainda, de uma lição *Sobre a racionalidade do "estado" ou "governo" como agente económico*, proferida em 21 de Maio de 1999 na Sala dos Capelos, a partir de um registo escrito a publicar no vol. 44 do BCE, do ano 2000 —, surge agora revisto (entre 26 de Fevereiro e 11 de Agosto, e em fins de Outubro de 1999). Dele foi publicada, no BCE (vol. 41, de 1998, pp 1-38), uma «protoversão» ou versão provisória, que agora dá lugar a esta versão definitiva de um projecto, aliás, desde o início concebido para ser destinado ao livro de homenagem ao Prof. Doutor Rogério Guilherme Ehrhardt Soares, *precisamente* o "autor desse formoso ensaio intitulado *Direito Público e sociedade técnica* (1969) que, a ter tido a fortuna de ser escrito em inglês e editado lá fora, seria hoje, seguramente, um «clássico moderno» sobre as vicissitudes do «espírito público» nas actuais *sociedades técnicas* com a complexidade própria da nossa *aldeia global* delineada por Marshall McLuhan, ao mesmo título por que o são as obras conhecidas de Jürgen Habermas ou de Noberto Bobbio", como já disse (na Sala dos Capelos) e escrevi (no BFD 69, de 1993, p 761). As mutações introduzidas de uma para a outra das versões visaram, a um tempo, tornar o texto mais *concentrado* e mais *explícito*, mediante operações, digamos, de *síncope* e *epêntese*: no primeiro caso, a começar no próprio título...

§ 0 (Extermínio)

0.1 Num inventado e já longínquo inverno, entre o Natal de 1659 e o Ano Bom de 1660, o imaginário náufrago Robinson Crusoe arriba à real Ilha de João Fernandes, consegue *recompor-se* e, após *deitar contas à vida*, vai emergindo do seu letargo e vai *tomando decisões*, *optando* entre as modestas *alternativas* de que dispõe, próprias da sua condição de "segregado", de "solteiro" ou "banido". Assim, p. ex°, em três dias históricos dos finais de Dezembro de 1659, coube-lhe *decidir* "como *passar o tempo*", *optando entre* (A) *"sair para espairecer"* (para *se «estirar»*, *"desentolher"* ou *"desentorpecer"*) *ou* (B) permanecer refastelado na sua depressão, fatal na ocorrência, embora disfarçada (tempo passado a *"arrumar as coisas"* na sua "casa" improvisada). Segundo um triplo e lapidar assento do seu diário, *deliberou* o seguinte:

> '*December 28, 29, 30.* Great heats and no breeze; so that there was no stirring abroad, except in the evening for food; this time I spent in putting all my things in order within doors'.

(Daniel DEFOE, Robinson Crusoe, final do cap. 8)

Como o imaginamos, «no seu foro *íntimo*», como observadores (leitores e escritores) *soberanos*, podemos dispor dele e das suas *escolhas* (e suas *rejeições*) segundo o nosso livre alvedrio, "de ciência certa, livre vontade e poder absoluto": podemos *registá-las, simbolizá-las* e *numerá-las* à nossa discrição. *Decidamos*, portanto, que o então inocente '*one man's showman*' e futuro «santo padroeiro» da economia marginalista (segundo Joan Robinson) decidiu mesmo «*racionalmente*» (até por o ter feito mais de três séculos antes de escrito e publicado o oitavo capítulo de *O erro de Descartes* de António Damásio...), sem a si mesmo se iludir com o pretexto ou o disfarce do clima *exterior*... Simbolizemos por 'A' e 'B' aquelas duas *alternativas* (*opções possíveis*) e numeremos ambas *anti-ordinalmente*, com arbitrários *quanta* de «utilidade» «social» *abertamente normativa*, com A (de "Arrebitar") como *primeira* opção, valendo *o dobro* da *segunda*, B (digamos de "*B*acorejar"), segundo a expressão mais simples de ambos os números relativos; assim, *teremos* (ou *terá ele tido*, porque assim decidimos), simplicissimamente, perante si a *alternativa* simples com a forma lógica

A B
(2 1),

aqui descrita por meio de um par de símbolos e um par de «valores»; mais propriamente, *teremos* antes (ou teremos *depois*) *um par* de alternativas, cada uma delas notada por dois símbolos e um par de «valores»,

$$A\ B \qquad B\ A$$
$$(2\ 1) \qquad (1\ 2),$$

e decidimos que o animoso recente náufrago, nesse momento prévio do seu processo de *emersão* do «humor merencórico» que fatalmente então o possuía, havendo *deliberado, fria* e *«racionalmente»* (tão livre e isento da acção de *"marcadores somáticos"* damasianos como Phineas Gage após o funesto acidente), terá *optado* pela segunda alternativa (a menos «valiosa» da excelsa perspectiva do observador), assim sacrificando, preterindo ou rejeitando A, e assim escolhendo, preferindo ou elegendo B ([44]).

0.2 Não estamos, no entanto, ainda no princípio da história que tenciono contar, e nem sequer no seu "princípio do princípio", parafraseando o exímio autor de frases célebres que foi Wiston Churchill. Vamos falar de *indecisões* (ou *impossibilidades* de decidir *"democraticamente"*) e *impasses* (ou impossibilidades *«técnicas»* de decisão), além de *decisões*; vamos falar de *(in)transitividade*; vamos falar de *economia* e de *política*, que são realidades *irredutivelmente sociais*, e o *nosso* arteiro e solerte Robinson, pela fatal fortuna votado ao ostracismo, "banido" e "isolado", *só* é capaz de *decisões*, sem excluir a decisão de «abeberar», «bacorejar» ou comprazer-se no seu letargo, ou *escolher não fazer nada*.

Foi o velho Aristóteles, o primeiro grande mestre do *social* (e, deste modo, da *economia* e da *política*), quem *começou pelo princípio*, assim, precisamente, quanto à *"Política"* no seu sentido amplo de *teoria da sociedade*:

> "É evidente que a *cidade* é uma formação *natural* e que o *homem* é, *por natureza*, um *animal social* (ζῷον πολιτικόν), ao passo que o

---

([44]) Segundo um obtuso rasgo marginalista de fantasmagoria (ou *"iconomaquia"*, para dourar a pílula...), que aliás continua firmemente implantado no breviário ou *vade mecum* profissional dos economistas, 'A' não se abandonou ao optar por 'B', mas permanece, etéreo, como um fantasma, no mundo real, e torna-se visível (e computável!) enquanto *preço* ou *custo* da opção por 'B', com o pretexto de ser o «custo de oportunidade» (*'opportunity cost'*) da escolha de 'B', aliás reproduzindo ou repisando um velho e conhecido *gradus ad irritum*: a abusiva *actualização* do «ganho» apenas *virtual* constituído pela «renda do produtor» e «do consumidor» marshaliana! Por mim, sinceramente, não há nada a fazer...

apátrida (ἄπολις) por natureza, e não devido a qualquer contingência [como, p. exº, *precisamente, Robinson Crusoe*...], é um ser muito inferior ou muito superior [...], como uma peça de xadrez isolada" ?

(ARISTÓTELES, *Política*, cap. 8)

— ou seja, algo que, na verdade, *não consegue jogar*... — acrescentando eu, à laia de resumo, sempre segundo o estagirita ([45]), que

> 'o homem só vive e se *define* no seio das «*comunidades natu-rais*» que são, pela ordem decrescente da «naturalidade», e pela or-dem crescente da «perfeição», desde logo, a «família», que representa "a *associação* estabelecida pela *natureza* para a *satisfação das neces-sidades elementares*"; depois, a «aldeia», "instituída para o forneci-mento de algo mais" e para "melhor protecção contra o homem e contra a fera" [...]; por fim, surge a «comunidade completa» que, embora constituída, ainda, também para "salvaguardar a *vida*, existe para permitir a *boa vida*". E é na πόλις (ou '*civitas*') que o πολιτής (ou '*civis*'), ou seja, o *cidadão*, se passa a *definir* como *sujeito da política*, aquém do (ou sob o) império (κράτος): naquele tempo, na mo-narquia ou βασιλεία; «*contemporaneamente*» (em relação a nós ([46])), o estado *de direito*, desde o *estado liberal* após-revolucionário [...] ao *estado social* dos nossos dias'.

(Aníbal ALMEIDA, *Estudos de Direito Tributário*, '*Estudo 1*', § 2.2)

0.3 Sucede, ainda, que aqui se tratará sobre "*democracia*" (em sen-tido *formal*), aliás de todo estranha, como veremos já, à *pluralidade* subjectiva *liminar* que é a *dualidade pessoal* , in*augurada* na ilha de Robinson com a arribada de "*Sexta Feira*", até porque a conduta de ambos, embora edificante, conforma as relações entre Patrão ou Dono por vocação, arcando, estóico, com o seu quinhão de '*white man's burden*' ('*Master*', em inglês; «Seignior», no português de cão suposto e exposto por Defoe!) e escravo obediente por vocação ('*faithful soul*' imaginado na exacta medida de um ideal futuro), aliás descrito fisicamente por um

---

([45]) Com a devida compunção por citar-me a mim próprio, de novo esclarecen-do que os excertos entre "comas", por mim retraduzidos da versão inglesa de David Ross, são da própria *Política* de Aristóteles.

([46]) E (explicito agora) no sentido *literal* do *último* dos períodos da *periodiza-ção tradicional* pois, na verdade, pululam (e é *concebível* que *existam* e pululem...) os alegados «*post-modernos*», mas já se não concebe sequer que *existam* (mesmo que «só» *rareiem*...) «post-contemporâneos», *paradoxalmente* para além do *ponto ómega* de um *processo histórico* que se *quis* e se *creu encerrar*...

patente conhecedor de «*ouro negro*» (ver a segunda *epígrafe* a este artigo). Estamos, portanto, *em todo o caso*, em face, não de uma «*pré*-história» da nossa história, mas sim de um *pólo de confronto* ou *pedra de contraste*, primeiro «*à margem*», depois *aquém* da nossa história. Por isso mesmo, aqui mesmo se encerra este «capítulo *zero*» da nossa historieta, que só agora vai começar.

§ 1 (Regras do jogo)

1.1 Consideraremos, à partida, enquanto *enquadramento* para *tomadas de posição*, a existência de uma "sociedade *democrática*" que se define, precisamente, pela universalidade do estatuto de *civis optimo iure* de que dispõe cada um dos *sujeitos* dessa sociedade, o que equivale a proscrever a existência de *discriminação* (quer "positiva", quer "negativa"; quer *subjectiva*, quer *objectiva*), seja qual for o *modo* para *agrupar* ambos esses *conjuntos* pelo *produto cartesiano* dos respectivos *elementos*. Não haverá, portanto, posições *imperativas* (por "sacrossantas", p. ex°) ou posições *defesas* (por "intrinsecamente perversas" ou *tabu*, p. ex°) — umas e outras "por *convenção*", na terminologia de K. J. Arrow —, nem *privilégios* (as *posições* "impostas" por "*ditadura*", segundo o mesmo autor; como seria o caso de anteontem, de '*Der Wille des Führers*'); nem haverá privilégios para quaisquer subconjuntos do universo eleitoral (não haverá grupo nenhum de "cidadãos preeminentes", nem se constituirão "quotas" ou "subcontingentes" prioritários para "antigos combatentes" ou "bravos do Mindelo", "espoliados do Ultramar" ou "beneméritos da Pátria", ou filhos de emigrantes, ou para negros, mulheres, operários, diminuídos, ou para "os que mudaram o seu sentido de voto para permitir a nova maioria", etc, etc...), nem *exclusões* (não existindo, pois, "inimigos da Pátria", "criaturas sinistras", metecos, intocáveis, párias, hilotas, *cives sine suffragio*, ou os paradoxalmente designados '*membres du colectif avec des voix consultatives*' ([47])).

1.2. Se definirmos *um certo número* de *opções* (que denotamos por "A", "B", "C", ..., "Z"), *comuns* a *um certo número* de *sujeitos*, e as

---

([47]) Na realidade, atribuir a alguém, no seio de um órgão social, direito a "*voto consultivo*" é um paradoxo tão evidente como o que ocorre ao atribuir-se a um dito *parecer* um alegado alcance *vinculativo*: a "voz" ouvida "sem compromisso" será talvez um "*voto pio*", mas não é, certamente, voto *deliberativo*, tal como o alegado "*parecer vinculativo*" não é um mero "parecer", mas sim uma *deliberação*, com a só especificidade (?) de se exigir, expressamente, que seja *motivada*.

alinharmos *da esquerda para a direita* pela *ordem decrescente* da *preferência* que as *opções* assumem para os *sujeitos* que as exprimem ou as «revelam», teremos, à partida, para qualquer "tomada de *posição*", *um certo número* de *posições* possíveis dessas *opções* alternativas, "A", "B", "C", ..., "Z", para os vários *sujeitos*, consoante o número de *opções* e de *sujeitos* que considerarmos ([48]).

1.3 À exacta semelhança da norma do artº 23º do actual *Código do Procedimento Administrativo*, para simplificar, proibiremos, em princípio, tão estupidamente como o recente legislador ([49]), os nossos bons sujeitos de se *absterem* nas votações (até por não haver, ainda neste *sentido forte*, opções *proibidas*, pois "é *forçoso optar livremente*"), pelo que cada *opção* terá um *peso* (ou uma *presença*) "maior que zero" em qualquer *posição*.

1.4 Vigora a regra da decisão por *maioria simples*.

1.5 Vigoram, pois, em suma, com toda a rigidez (como que instituídos por uma *lex plus quam perfecta*), a regra "um *homem* (*rectius*: um *ser humano...*), um voto" e os princípios da "votação aberta" e da obrigatoriedade de votar.

([48]) Quer J. v. Neumann & Morgenstern, quer K. J. Arrow, usam a notação habitual da lógica simbólica contemporânea para notar três relações de preferência possível por duas posições alternativas que, no entanto, se poderiam representar por meio dos signos matemáticos habituais desde Russell & Whitehead, correspondentes, da maneira seguinte (por ordem decrescente de *fraqueza*), às três proposições virtuais desse(s) modo(s) notadas:

$$xPy \Leftrightarrow x > y$$
$$xRy \Leftrightarrow x \, {}^3 \, y$$
$$xIy \Leftrightarrow x = y,$$

com '*P*' a denotar *"Preferência"*, '*R*' a denotar *"Relação"* e '*I*' *"Indiferença"* (restrita), com um sentido *equivalente* ao explicitado no segundo membro das três correspondências. Como não vamos dedicar-nos aqui a *demonstrar formalmente* (por *dedução*, ao menos) os teoremas de *intransitividade* dos autores indicados, prescindiremos daquela notação (em qualquer uma das suas várias modalidades).

([49]) Entre o início e a retomada deste trabalho, num oportuno rasgo de lucidez, hoje raro entre nós, aquela rara norma jurídica foi «moderada» ou «subtilizada» pelo Dec.-lei nº 6/96, de 31 de Janeiro.

§ 2. (Número de jogadores)

2.1 Não tem, *é evidente*, para nós qualquer relevo encarar, no foro da *decidibilidade*, o espaço lógico de *um só* sujeito e *uma só* opção ("A" v "B" v "C" ... v "Z"), situação essa que se traduziria por um único *dado* não implicando um *aduzido* em relação à *análise* de um problema *social* (de *transitividade*), ou seja, *pluripessoal por definição*.

2.2 Por isso mesmo, não tem, ainda, qualquer relevo considerar *um* sujeito *a contas* com *qualquer* outro *número* de opções; tratar-se-á sempre, para o *único* sujeito, de uma *'cosa mentale'* (*merces spiritualis*) *irredutivelmente* do seu *«foro íntimo»*, *irredutível* ao *social* como a vida diária do *ensimesmado* Robinson Crusoe antes da arribada do seu *deuter*agonista, a quem porá, como se viu, o nome escravo de *Friday*.

2.3 Se a *unicidade* de *sujeitos* (ou seja, a ausência de, pelo menos, *um par* de sujeitos) implicaria a ausência de uma *sociedade* (ou de relevo *social*), a *unicidade* de *opções* (e, daí, de *posições*), ou seja, a ausência de *conflito* (*potencial*, ao menos), implicaria a ausência de *problemas*, ou seja, a ausência *deste mundo*, implicando, como *modelo*, a inexistência da *estratégia* e a ocorrência de um simulacro de *paraíso artificial*.

2.4.1 Já cobra, sim, relevo considerar *dois sujeitos* e *duas opções* ([50]), dando lugar, através do *produto cartesiano* dos elementos daqueles dois conjuntos, a $2^2 = 4$ *estados* ou *possibilidades* de *posições*, com $2^3 = 8$ *opções* (que é o produto de duas *opções* por duas *posições* possíveis de dois *sujeitos*). Se atribuirmos *arbitrariamente* o *número relativo* 2 à *opção* A e o *número relativo* 1 à *opção* B — sendo *indiferente* a *ordem* dos *sujeitos*, porque eles são *iguais* —, podemos obter uma soma *constante* dos valores de cada uma das *opções* em todas as *posições* que constituem cada *possibilidade* ou *estado* constituído por cada grupo de *posições* possíveis, e poderemos registá-la, entre parênteses, segundo a *arbitrária* ordem *alfabética* das *letras* que denotam as várias *opções*.

([50]) Para "*duas* opções", A v B (mais propriamente, para *uma* opção entre *duas* alternativas), o caso é trivial e não carece de exemplificação; para *três* opções (A v B v C), podemos dar exemplos como o de Anthony Downs, historicamente decisivo no mundo de ontem (*desarmamento*; "*guerra fria*"; "*guerra quente*"), ou o de Kenneth. J. Arrow, crucialmente decisivo e pusilanimemente por decidir agora e aqui (*Não financiar o ensino*; *financiar só o ensino público*; *financiar todo o ensino*).

Teremos, neste caso ([51]), quatro *possibilidades* ou *estados* possíveis, com duas *posições* sobre duas *opções*

AB	**AB**	**BA**	BA
AB	**BA**	**AB**	BA
(42)	(33)	(33)	(24),

ou seja, em quatro *possibilidades*, dois casos de *consenso* (ou *unanimidade*: de A *em absoluto* preferido a B, com 4 e 2 "valores", e de B *em absoluto* preferido a A, com 2 e 4) e outros tantos de *dissenso* e *empate* (a **negro**, neste quadro), com ambos os *sujeitos* com *posições contraditórias* — em que, em conjunto (ou para o "agregado *social*" que ambos compõem), a *soma* de A com B vale tanto como a *soma* de B com A, com 3 e 3 "valores" para cada *opção* —, correspondendo a duas (50% de) *decisões* por *consenso* e dois (50% de) *impasses* por *dissenso*. Não há, portanto, *decidibilidade democrática* em metade dos casos, porque os *empates* (ou *impasses*) só poderiam deixar de o ser *privilegiando* uma das *opções* (p. ex° atribuindo a A um *peso decisório* duplo do de B), ou um dos *sujeitos*, p. ex° adrede nomeado "presidente vitalício" e, assim, munido do "voto de *qualidade*" inerente à sua condição de *praeses* ou *praesidens* (etimologicamente, "o que se senta *à frente*"; *nocionalmente*, alguém "*more equal than the others*", enquanto "*primus inter pares*": dois *paradoxos* equivalentes).

2.4.2 Porém, como se torna óbvio, a hipótese desta "sociedade bipessoal" não constitui, ainda, campo de análise suficiente, dado que nela — tal como, p. ex°, na *convenção* ('*Vereibarung*') chamada *casamento* — não é viável a decisão por *maioria* em sentido restrito ou *pro-*

([51]) Nos modelos seguintes, conforme o estatuído, *m* indivíduos *não nomeados* (visto serem *iguais*) estão implícitos, em *linha*, por uma *ordem* numérica *arbitrária* (1°, 2°, 3°, ...), assumindo as *n* opções (em *coluna*) A, B, C, ... Z, pela *ordem* de preferência, *da esq^a para a dt^a*, posições a que estão atribuídos *n ordinais* arbitrários *cardinalmente* adicionáveis entre si, pela *ordem inversa*, de 1 a *n* (*n*; *n* - 1; *n* - 2; ... ; *n* - (*n* - 1) = 1), em linha e em coluna, numa *soma constante* de *unidades* ou *valores* de «*utilidade* social» igual a $m \times \sum_{p=1}^{n} p$ (o somatório dos *cardinais* de *n*; *n* - 1; *n* - 2; ... ; *n* - (*n* - 1) = 1), "em linha *e* em coluna" ($2 \times (2 + 1) = 6$, na hipótese inicial a que vem esta nota). A «*utilidade* social» do conjunto (do par, no caso, como veremos a seguir) de opções mantém-se invariável para o «*agregado*» de todas as possibilidades: $4 + 2 = 2 + 4 = 3 + 3 = 6$ (como veremos a seguir).

priamente dita (salvo por "voto de *qualidade*", como ocorria pela mera instituição legal da antiga e hoje abolida figura do "*chefe* de família").

2.4.3 O caso vale, é certo, como princício de discussão das *condições de decidibilidade* a consagrar neste modelo. Para instaurar, contudo, enquanto regra de decisão, a exigência de *simples maioria* ou *pluralidade* de votos, torna-se necessário introduzir, ou um terceiro *sujeito*, ou uma terceira *opção*. Exigir, no entanto, algo de mais restrito (ou de mais *exigente*) que a *maioria simples* ou *maioria relativa* (a *maioria absoluta*, de *mais de* 50% dos votos; ou, mais que isso, uma *maioria* "quantitativamente" *qualificada*, p. ex° de *mais de* 75%) seria uma excrescência, multiplicando a(s) ocorrência(s) de *posições indecidíveis*, além de impor recurso a *mais de três* sujeitos, ou *mais de três* opções; e, deste modo, caberá sempre um argumento de *maioria de razão* ('*a fortiori*'; no nosso caso, sob a espécie '*a minori, ad maius*') em relação ao problema da *indecidibilidade democrática*, que será tanto mais agudo quanto maior a exigência das condições (*quantitativas*) para obter uma decisão.

2.4.4 Surge, contudo — logo aqui mesmo, ou seja, desde o início ¾, um problema *de definição* daquilo em que consistem as *posições diferentes* para o *universo comunitário*; é que, de facto, se definimos como *iguais* (entre si) os *elementos* desse universo, uma *posição* assumida por *um* vale tanto, exactamente, como essa mesma posição assumida por *outro*. Por isso mesmo, parece que o elenco de "*posições* alternativas" (os "*estados possíveis*") deve abarcar apenas as *posições* diferentes *em abstracto*, *indiferentemente* da sua titularidade, ou seja, *independentemente* da *ordem* por que venham expostas, o que redunda numa *qualificação* a introduzir no "problema da *contagem*", para o efeito subtraindo ao *produto cartesiano* de dois por dois (dois elementos de cada um de dois conjuntos) o número de repetições: $2^2 - 1 = 3$ *possibilidades* e *posições*, e $2^3 - 2 = 6$ *opções* ([52]). Desta maneira, o quadro do § 2.4.1 deve ser substituído por outro quadro em que apenas figuram *três* ocorrências (*estados* ou *possibilidades*) pois, na verdade, as *posições* possíveis de *dois* sujeitos sobre *uma* alternativa entre *duas* opções são *três* somente, por **AB/BA** e **BA/AB** constituirem *uma e a mesma posição*, seja qual for dos *dois* que a tome ([3]):

([52]) Segundo a *análise combinatória* é, na verdade, de 6 o número de *posições* possíveis em que intervenham essas 3 *opções*: o das *permutações de três*: $P_3 = 3! = 6$.

AB	**AB**	BA
AB	**BA**	BA
(42)	(33)	(24);

temos, pois, deste modo, *três* posições possíveis para *dois* sujeitos e *duas* opções: as *duas* de *consenso* (preferência *unânime* por A ou B, em 2/3 dos casos), e uma outra de *dissenso* e *empate* ou *impasse* (em 1/3 dos casos).

2.4.5 Temos, portanto, como mínimo *lógico* para um modelo de "decisão *democrática*" o de um "jogo a *dois*" *sujeitos*, com *duas posições* inter-relacionando *três opções*, constituídas pelo produto cartesiano dos dois arranjos de dois dois a dois, $^2A_2$, *ou* das duas permutações de dois ($P_2 = 2! = 2$) por si mesmas ($(P_2)^2 = 2 \times 2 = 4$). Poderemos, no entanto, tirar partido da circunstância de estarmos perante o produto cartesiano de dois conjuntos com *cardinal* igual — em geral, ^mA_n $(m = n) = P_n = n!$; $(P_n)^2 = (n!)^2$ — para construir uma *matriz quadrada simétrica celular* de ordem n (i. e., da forma $n \times n$), com os n sujeitos e as n opções nas n linhas de cada *bloco* ou *célula*, assim tornando mais *visível* o resultado desse produto e *racionalizando* a estrutura lógica base das observações a emitir após o seu exame. No simples «caso mínimo», com

AB	**AB**
AB	**BA**
(42)	(33)

BA	BA
AB	BA
(33)	(24)

na versão mais extensa (*com* as repetições), e com uma *matriz quadrada* da mesma ordem, mas *triangular superior* (ou *inferior*), *sem* as repetições, que dela se expurgaram automaticamente mediante o expurgo dos «elementos» (no caso, "células" ou "blocos") *simétricos repetidos* situados fora da *diagonal principal*, *sob* (ou *sobre*) ela, com um número de elementos *não nulos* (digamos, $\#_p$) dado, *em geral*, por uma óbvia *semi-soma*,

$$\#_p = 0{,}5\,[(P_n)^2 + P_n] = 0{,}5\,(P_n)\,(P_n + 1) = 0{,}5\,(n!)\,(n! + 1) = \sum_{p=1}^{n!} p$$

(cf a nota 4), sendo *n* (a ordem da matriz e) o *número de elementos* da sua *diagonal principal*) e, *em especial*, dado por

$$\#_{p} = 0,5 \times 2\,(2 + 1) = \sum_{p=1}^{2} p = 3,$$

dando lugar, no caso ([53]), a

AB	**AB**
AB	**BA**
(42)	(33)

	BA
	BA
	(24),

sem outras novidades no simples caso *«mínimo»* que, no entanto, é já um caso *relevante*, p. ex° e desde logo, porque *retrata* fielmente a *situação* do *par de cônjuges* (com ou sem dependentes filhos «menores») de uma *família celular* (cf o excerto *sobre* Aristóteles do § 0.2), para mais até podendo *reflectir* a presença e o alcance de alguns dos traços institucionais decisivos desta figura social (e) jurídica (ver a nota 14).

§ 3 (Decurso e resultado de um jogo social)

3.1 O caso "2 sujeitos e 2 opções" só dá lugar a situações contrastadas de *consenso* e *dissenso*, sem dar lugar à ocorrência de *maiorias* (*nocionalmente relativas*). Temos, portanto, que o limiar para a ocorrência de um modelo *relevante* de "decisão democrática" é o de um "jogo a

---

([53]) Uma vez que ambos os sujeitos se definiram como *iguais*, pode preferir-se considerar que, para eles, só existem *três* hipóteses possíveis: as *duas* de *consenso* (AB/AB e BA/BA), e *uma só* de *dissenso* (AB/BA), sendo *indiferente* a *ordem* dos indivíduos que manifestam (ou que "revelam") essas preferências *contraditórias*; ocorrendo, portanto, em três possibilidades, duas de *decisão* (mediante *consenso*) e uma de *indecisão* (por puro *antagonismo*). Mas esta conclusão teria a suportá-la uma lógica claudicante, porque, como se viu, também não há *opções* (e, daí, *posições*) *desigualmente meritórias*; por isso mesmo, a ser assim do prisma dos *sujeitos*, teria assim de ser também do prisma dos *objectos* de decisão, o que conduziria a conceber apenas *duas* possibilidades, deste modo *genéricas*: uma de *decisão*, outra de *indecisão*.

dois" sujeitos, com *duas posições* inter-relacionando *três opções*, constituídas pelo produto das seis permutações de três

$$ABC$$
$$ACB$$
$$BAC$$
$$BCA$$
$$CAB$$
$$CBA$$

($P_3 = 3! = 6$) por si mesmas, $(P_3)^2 = 6 \times 6 = 36$ (pois são para valer para dois *sujeitos* exactamente *iguais*), numa estrutura lógica que poderemos exprimir em figura de uma *matriz quadrada simétrica celular* de ordem 6 (i. e., da forma 6×6) com $6^2 = 36$ componentes matriciais ou células, *scilicet*:

A B C	A B C	*A B C*	A B C	A B C	**A B C**
A B C	A C B	*B A C*	B C A	C A B	**C B A**
(6 4 2)	(6 3 3)	*(5 5 2)*	(5 3 4)	(4 5 3)	**(4 4 4)**
A C B	A C B	A C B	**A C B**	*A C B*	A C B
A B C	A C B	B A C	**B C A**	*C A B*	C B A
(6 3 3)	(6 2 4)	(5 4 3)	**(5 2 5)**	*(4 4 4)*	(4 3 5)
B A C	B A C	B A C	B A C	**B A C**	B A C
A B C	A C B	B A C	B C A	**C A B**	C B A
(5 5 2)	(5 4 3)	(4 6 2)	(4 4 4)	**(3 6 3)**	(3 5 4)
B C A	**B C A**	B C A	B C A	B C A	*B C A*
A B C	**A C B**	B A C	B C A	C A B	*C B A*
(5 3 4)	**(5 2 5)**	(4 4 4)	(4 2 6)	(3 4 5)	*(3 3 6)*
C A B	*C A B*	**C A B**	C A B	C A B	C A B
A B C	*A C B*	**B A C**	B C A	C A B	C B A
(4 5 3)	*(4 4 4)*	**(3 6 3)**	(3 4 5)	(2 6 4)	(2 5 5)
C B A	C B A	C B A	C B A	*C B A*	C B A
A B C	A C B	B A C	B C A	*C A B*	C B A
(4 4 4)	(4 3 5)	(3 5 4)	(3 3 6)	*(2 5 5)*	(2 4 6) .

Neste segundo caso, temos agora, *sem* as *repetições*, o elenco de alternativas virtuais simultâneas dado, *em geral*, igualmente por

$$\#_p = 0{,}5\,[(P_n)^2 + P_n] = 0{,}5\,(P_n)(P_n + 1) = 0{,}5\,(n!)\,(n! + 1) = \sum_{p=1}^{n!} p$$

mas, neste caso, *em especial*, dado por

$$\#_p = 0{,}5 \times 6\,(6 + 1) = \sum_{p=1}^{6} p = 21,$$

e agora em figura da *matriz celular quadrada simétrica triangular superior*

A B C	A B C	*A B C*	A B C	A B C	*A B C*
A B C	A C B	*B A C*	B C A	C A B	*C B A*
(6 4 2)	(6 3 3)	*(5 5 2)*	(5 3 4)	(4 5 3)	*(4 4 4)*
	A C B	A C B	**A C B**	*A C B*	A C B
	A C B	B A C	**B C A**	*C A B*	C B A
	(6 2 4)	(5 4 3)	**(5 2 5)**	*(4 4 4)*	(4 3 5)
		B A C	B A C	**B A C**	B A C
		B A C	B C A	**C A B**	C B A
		(4 6 2)	(4 4 4)	**(3 6 3)**	(3 5 4)
			B C A	B C A	*B C A*
			B C A	C A B	*C B A*
			(4 2 6)	(3 4 5)	*(3 3 6)*
				C A B	C A B
				C A B	C B A
				(2 6 4)	(2 5 5)
					C B A
					C B A
					(2 4 6) .

3.2 Como é patente em face destes quadros, em 36 ocorrências há 24 *decisões* e 12 *indecisões* (duas em cada linha, sendo uma *absoluta*, notada a **negro** redondo, e outra *relativa*, notada a ***negro itálico***), ou seja um terço das ocorrências [54]; e, sem repetições, 21 ocorrências, com 15

---

[54] Ainda aqui (cf a nota 10) se deve talvez considerar que nos são dadas, não 36, mas sim 21 ocorrências, e não com 24 (66,(6)%) e 12 (33,(3)%), mas sim com 15 (71, (428 571)%) *decisões* e 6 *indecisões* (28, (571 428)5%). Se, na verdade, considerarmos o quadro de 2 *sujeitos* e 3 *opções* como constituindo uma matriz quadrada de

decisões e 6 *indecisões*, $\frac{2}{7}$ agora, em vez do $\frac{1}{3}$ de antes. E se, conforme decidimos — desde o § 1.3.1, e a mais que J. v. Neumann & O. Morgenstern, e que K. J. Arrow —, atribuirmos, em cada uma das *posições* possíveis em que intervêm aquelas três *opções*, a cada uma das *opções* um *valor* decrescente da esquerda para a direita, conforme o seu *lugar* em cada *posição* (enquanto opção *desejada, tolerada* e *aborrecida*, digamos), concretizada nos *pesos relativos* de 3, 2 e 1, podemos obter, como antes, a soma respeitante a cada opção em cada estado, e indicá-la como antes (ver o final do § 2.4.2).

    Das 12 *indecisões*, seis delas correspondem a *opções antagónicas*, de que resultam as *posições irredutíveis* que assumem os *sujeitos*, cabendo a cada *opção* o mesmo *número relativo* global (ou *"agregado"*), o que sucede com as ocorrências (*possibilidades* ou *estados*) correspondentes

---

ordem 6, com $6^2 = 36$ elementos, é evidente que são "iguais" (como que se *repetem*) os *elementos* dessa matriz (as *posições* desse modelo) *transpostos* entre si, só diferindo na *ordem*, i. e. na *autoria* (*pertença* a um dos dois *sujeitos* das *posições* que eles traduzem): a_{ij} e a_{ji} contêm, na verdade, o mesmo par de *posições*, embora pela ordem inversa (aliás *indiferente*) de ambos os seus sujeitos, salvo para os 6 elementos da diagonal principal, $a_{ij} \mid i = j$; estaremos, portanto, em face de uma matriz triangular superior (ou triangular inferior) da forma 6×6, com 15 elementos nulos e 21 elementos não nulos localizados na diagonal principal (em que figuram as 6 possibilidades de *consenso*) e sob (ou sobre) ela. Contrariamente ao que sucede com o caso anterior, esta consideração alternativa não parece sofrer de qualquer falha lógica, visto não estarem agora em jogo dois pares de relações *binárias*, entre *sujeitos* e entre *opções*. Parece, pois, claramente *decidível* a questão de optar por esta concepção. Não é, contudo, assim, visto que a "igualdade perante a lei" de ambos os "cidadãos" entusiasmados por este jogo, que anteriormente se postulou, se não estende, patentemente, ao imperativo da *indiferença* em relação à *ordem* pela qual podem ocorrer as três possíveis *posições* daqueles três *sujeitos*; podemos sempre *numerá-las* (ou melhor, *ordená-las*) sem prejuízo da *igualdade*, sendo essa *ordem* tão *arbitrária* como a das *letras* do *alfabeto* que representam as *opções*: dir-se-á que assim se ordenam *objectivamente* as *posições* possíveis dos três *sujeitos* com garantia do *anonimato*, como no tratamento dos dados estatísticos dos censos demográficos. Trata-se, pois, e tão somente, de se assumir o jogo enquanto *jogo social*, com manipulações *não de todo abstractas* (i. e., não propriamente de *matemática* ou de *lógica pura*, mas sim *aplicada*); *não*, portanto, *insensíveis* a uma *abstracta ordenação*: é que a *diversa ordem* por que nos surgem as várias *posições* sucede *neste espelho do mundo* supostamente *à imagem* do que ocorre *no mundo*, embora "à *escala reduzida*" (e com a *imagem* inexoravelmente *desfigurada*) em que um *modelo* (*qualquer* modelo) no-lo *traduz*.

aos elementos a_{24}, a_{35}, a_{42} e a_{53} de uma matriz quadrada de ordem 6 que represente os 36 resultados possíveis das votações do quadro do § 3.1, a que correspondem os valores '(4 4 4)', ou seja, *o mesmo* para cada uma das três *opções*. Mas o *empate* prevalece também em relação às votações em que as duas *opções mais* "valoradas" o sejam *por igual*, o que sucede nos 6 casos a que correspondem os valores '(5 5 2)', porque, ainda aqui, não há maneira de decidir sem violar as regras postuladas no § 1; assim, p. ex°, na votação

$$\boldsymbol{A\ B\ C}$$
$$\boldsymbol{B\ A\ C}$$
$$(5\ 5\ 2),$$

os dois sujeitos preferem A a C e B a C, mas um prefere A a B e o outro B a A, sendo impossível de decidir sem se *discriminar* (quer *positiva*, quer *negativamente*) um ou outro *sujeito* (digamos, «1» e «2»), ou uma ou outra *opção* (A ou B). Dir-se-á, contudo, tal como antes, que devem descontar-se *eventos repetidos*. Ainda assim, não se dará a *redução* dos anteriores *impasses* e *indecisões*: À parte os casos de *consenso* ou *unanimidade* (as 6 combinações localizadas ao longo da *diagonal principal* da *matriz composta* de ordem 6, nas posições a_{ij} | $i = j$: a_{11}, a_{22}, a_{33}, a_{44}, a_{55} e a_{66}), e para além das 5 combinações de *inequívoca maioria* localizadas nos blocos imediatamente *«a nordeste»* delas (nas posições a_{ij} | $j = i + 1$: a_{12}, a_{23}, a_{34}, a_{45} e a_{56}), subsistem 3 **impasses** e 3 *indecisões* (**a negro** e *em itálico* no diagrama com a matriz triangular), correspondendo, no seu conjunto, como se viu (cf a nota 10), precisamente a 28,(571428)% das ocorrências.

§ 4 (Um passo atrás)

4.1 Prosseguiremos, «naturalmente», com uma *forma de transição*: a de um *falso* conjunto de *três* sujeitos, ainda e sempre com *três* opções. *Cardinalmente*, o caso é como se os *dois primeiros* de *três* sujeitos se revelassem como «almas gémeas», tomando *sempre a mesma* opção em relação às *três* alternativas virtuais disponíveis; é, no entanto, de observar que esta outra hipótese se manifesta *irredutivelmente ambígua*, pois equivale a haver *só dois* sujeitos, *«o primeiro deles»* com *«duplo voto»* (como sucede nas assembleias gerais de vários grupos de futebol, com associados «preeminentes», aliás em vários graus), mas a adopção preliminar (axiomática) da "hipótese democrática" parece libertar-nos, *primo conspectu*, daquela *ambiguidade*. *Logicamente*, a operação traduz-se em *repetir* (*reproduzir*) a ordem de preferências constante da 1ª linha das matrizes-células ou blocos numa 2ª linha [55], passando a anterior 2ª linha a ser uma 3ª linha da nova forma lógica. Temos, portanto, ainda, como figuração formal da estrutura lógica do nosso problema, a mesma matriz quadrada celular de ordem 6, com os mesmos $6^2 = 36$ elementos (células), cada uma delas contendo as mesmas três colunas, porém agora com três linhas, em vez das duas anteriores, devido à circunstância de haver «aumentado» [56], de dois para três, o número de sujeitos. Podemos, deste modo, tirar partido da mesma circunstância de estar perante o produto cartesiano de dois conjuntos com o mesmo *cardinal* igual da hipótese anterior, com $^3A_3 = P_3 = 3! = 6$ e $(P_3)^2 = (3!)^2 = (6)^2 = 36$, para ambos os conjuntos, e construir, de novo, uma *matriz quadrada simétrica celular* de ordem 6 (i. e., da forma 6×6), com as mesmas 3 opções nas 3 linhas de cada *bloco* ou *célula*, agora para 3 («falsos») sujeitos, com *dois* deles *unânimes sistematicamente*: *uma exigência adicional*. Porém, se, apesar disso, o caso, *formalmente* (ou o seu *perfil*), não muda de *figura, cardinalmente* tudo mudou. Eis o novo desenho:

---

[55] *Tecnicamente*, a operação traduz-se em introduzir, *por construção*, em cada uma das matrizes-células, a forma *radical* de *dependência linear* que é a forçosa *coincidência* de duas de três *linhas*, *uma* delas *inútil*, pelo que *tudo* ficará *como antes*.

[56] Com a expressão entre «aspas», estou cometendo, cientemente, por desfastio, um velho e reiterado "abuso de linguagem", correspondente ao vício lógico, tipicamente marginalista, de supor *tempo* em vez de *espaço* a *distinguir* (e a *conexionar*), aqui, ambas as modalidades de interacção, vício por mim de vez denunciado no *Apêndice* III do meu *Prelúdio a uma reconstrução da Economia Política*, § 2 e nota 3.

A B C	A B C	A B C	A B C	A B C	A B C
A B C	A B C	A B C	A B C	A B C	A B C
A B C	A C B	B A C	B C A	C A B	C B A
(9 6 3)	(9 5 4)	(8 7 3)	(7 7 4)	(8 5 5)	(7 6 5)
A C B	A C B	A C B	A C B	A C B	A C B
A C B	A C B	A C B	A C B	A C B	A C B
A B C	A C B	B A C	B C A	C A B	C B A
(9 5 4)	(9 3 6)	(8 5 5)	(7 5 6)	(8 3 7)	(7 4 7)
B A C	B A C	B A C	B A C	B A C	B A C
B A C	B A C	B A C	B A C	B A C	B A C
A B C	A C B	B A C	B C A	C A B	C B A
(7 8 3)	(7 7 4)	(6 9 3)	(5 9 4)	(6 7 5)	(5 8 5)
B C A	B C A	B C A	B C A	B C A	B C A
B C A	B C A	B C A	B C A	B C A	B C A
A B C	A C B	B A C	B C A	C A B	C B A
(5 8 5)	(5 7 6)	(4 9 5)	(3 6 9)	(4 7 7)	(3 8 7)
C A B	C A B	C A B	C A B	C A B	C A B
C A B	C A B	C A B	C A B	C A B	C A B
A B C	A C B	B A C	B C A	C A B	C B A
(7 4 7)	(5 7 6)	(6 5 7)	(5 5 8)	(6 3 9)	(5 4 9)
C B A	C B A	C B A	C B A	C B A	C B A
C B A	C B A	C B A	C B A	C B A	C B A
A B C	A C B	B A C	B C A	C A B	C B A
(5 6 7)	(5 5 8)	(4 7 7)	(4 5 9)	(3 7 8)	(3 6 9) .

A *«utilidade social»* (a soma dos três dígitos entre parênteses sob as opções) é, desta feita, de *«18 valores»*, igual ao produto da média aritmética *simples*, 2 (não *«ponderada»*, pois é *igual* o *número de presenças*, 3, de cada uma das três opções, embora de *valor desigual*), dos valores das opções A (= 3), B (= 2) e C (= 1) pelo número de sujeitos (agora 3) e de opções (3, igualmente): $2 \times 3^2 = 18$.

Para este terceiro caso, temos, ainda, *sem* as *repetições*, o mesmo elenco de *alternativas virtuais simultâneas* dado, *em geral*, igualmente por

$$\#_p = 0{,}5 \left[(P_n)^2 + P_n\right] = 0{,}5 \, (P_n) \, (P_n + 1) = 0{,}5 \, (n!) \, (n! + 1) = \sum_{p=1}^{n!} p$$

e, *em especial*, por

$$\#_p = 0{,}5 \times 6 \, (6 + 1) = \sum_{p=1}^{6} p = 21,$$

conforme o quadro que se segue

A B C	A B C	A B C	A B C	A B C	A B C
A B C	A B C	A B C	A B C	A B C	A B C
A B C	A C B	B A C	B C A	C A B	C B A
(9 6 3)	(9 5 4)	(8 7 3)	(7 7 4)	(8 5 5)	(7 6 5)
	A C B	A C B	A C B	A C B	A C B
	A C B	A C B	A C B	A C B	A C B
	A C B	B A C	B C A	C A B	C B A
	(9 3 6)	(8 5 5)	(7 5 6)	(8 3 7)	(7 4 7)
		B A C	B A C	B A C	B A C
		B A C	B A C	B A C	B A C
		B A C	B C A	C A B	C B A
		(6 9 3)	(5 9 4)	(6 7 5)	(5 8 5)
			B C A	B C A	B C A
			B C A	B C A	B C A
			B C A	C A B	C B A
			(3 6 9)	(4 7 7)	(3 8 7)
				C A B	C A B
				C A B	C A B
				C A B	C B A
				(6 3 9)	(5 4 9)
					C B A
					C B A
					C B A
					(3 6 9) ,

com uma diferença de substância enorme: com a consequência *cardinal*, tão óbvia como decisiva, de nos ser dado verificar que uma *exigência* de *sistemático consenso* entre *dois terços* dos (*três*, agora) *jogadores* elimina os *impasses* mas compromete todo o modelo, uma vez que, como usa observar um venerável e usado político, «Sempre que dois concordam sempre, um deles é lacaio [do outro]». Desta maneira, a maioria universal de dois terços dos votos, liminarmente assegurada *por construção*, redunda em atribuir um «duplo voto» ("*voto de qualidade*" ou *voto decisivo* ([57]))

([57]) Retrocedendo agora ao ex° do final do § 2.4.2 e à forma estudada no § 3 (e para este deslocada algo clandestinamente...), assim se compreende que a instituição da figura jurídica tipicamente patriarcal do marido enquanto "chefe de família", teúda e manteúda no direito de anteontem da nossa esfera cultural, tenha aturado tanto tempo, e tivesse servido de surdo e eficaz freio ao divórcio, precisamente por abolir sistematicamente a *indecidibilidade* e o próprio *dissenso* (ao menos, «aparente», ou em termos «legais») no seio do matrimónio como «*contrato*» ('*Vertrag*') de «*socieda-de*» *bipessoal*: mais propriamente, "convenção" ('*Vereibarung*'), precisamente por se partir da santa hipótese «abstracta» da *identidade* (ou *unanimidade*) de móbeis típicos de ambos os cônjuges enquanto sua realidade volitiva estrutural).

ao «*primeiro cidadão*» ('*le Premier Citoyen*', é bom rememorar...), com o que a "*hipótese democrática*" (e o presente modelo, que visa *reflecti-la*) é insusceptível de se conciliar.

§ 5 (Dois passos em frente?)

5.1 Prosseguir exercitando raciocínios congéneres e construindo quadros do mesmo género dos anteriores não tem qualquer interesse, pela crescente complexidade (igual a falta de nitidez) que sucessivamente revestiriam; assim, p. ex°, para, desde logo, passar à hipótese vizinha (a *verdadeira* hipótese de 3×3: 3 jogadores e 3 opções), seria necessário passar a operar com $(P_3)^3 = 6^3 = 216$, que, aliás, não constitui um quadrado perfeito, e não permitiria visualizar, como antes, a estrutura lógica da nova hipótese.

5.2 Podíamos, porém, dar imediatamente o passo lógico seguinte, ao encontro imediato da *espécie* mais próxima daquele *género matriz quadrada* que se tem revelado tão interessante como figura(ção) do núcleo problemático que temos vindo a explorar.

Para o efeito, recorreríamos, uma vez mais, ao par de fórmulas que nos fornece os necessários cálculos para obter a espécie seguinte, agora uma matriz com $6^2 = 36$ linhas e colunas, e $6^4 = 36^2 = 1296$ células ou blocos matriciais, agora com

$$\#_p = 0,5\,[(P_n)^4 + (P_n)^2] = 0,5\,(P_n)^2\,[(P_n)^2 + 1] = 0,5\,(n!)^2\,[(n!)^2 + 1] = \sum_{p=1}^{(n!)^2} p$$

como *expressão geral* e, *em especial*, um número de elementos compostos não repetidos dado por

$$\#_p = 0,5 \times 6^2\,(6^2 + 1) = \sum_{p=1}^{36} p = 666,$$

número entre todos abominável, quase defeso, que, embora tendo de o tolerar enquanto "soma de «utilidades»" (§ 5.3), não trataremos assiduamente para que nele nos não percamos!

5.3 Melhor nos convirá, portanto, dar um passo menor como passo seguinte: o passo 3×3. Dispomos, aliás, de um excelente meio para *desvelar* o âmago da nova situação e, simultaneamente, da situação geral. Seja qual for o grau de complexidade do caso 3×3, ocorre sempre, para além das outras circunstâncias já registadas, uma dupla ocorrência que se traduz num *par* de impasses *verdadeiros* (*irredutíveis*, pois); essa ocorrência é a seguinte ([58]):

$$\begin{array}{cc} A\,B\,C & A\,C\,B \\ C\,A\,B & B\,A\,C \\ B\,C\,A & C\,B\,A \\ (6\,6\,6) & (6\,6\,6) \end{array}$$

A B **C**	A B C	A B **C**	A **C** B	A **C** B	A **C** B
C A B	**C** A B	C A B	B A **C**	B A **C**	B A **C**
B **C** A	B **C** A	B C A	**C** B A	C B A	**C** B A.

Em cada uma das *espécies transpostas* agora assinaladas, em qualquer dos *sentidos* — quer no sentido *retrógrado* ou *inverso* ("dos ponteiros do relógio": *'dextrorsum'*), quer no sentido *directo*, "de *Oriente* para *Ocidente*" de quem estiver "virado ao Norte" (*'sinistrorsum'*) —, *e não apenas no caso* da *espécie simétrica* do exemplo de Arrow reproduzido na nota 8 do meu recente *Relatório com o programa de uma disciplina de Economia Pública* se verifica, na verdade, a existência de três preferências relativas com o *igual peso* das opções entre *iguais* ([59]): *indecidíveis*, pois,

---

([58]) Como é patente, cada uma das componentes dos pares de matrizes "fortemente conexionadas" explorados a seguir revela essa *"conexão forte"* na circunstância de ser sempre possível obter uma sua permutação de linhas da qual decorra uma matriz cujo último elemento de cada linha seja igual ao primeiro da linha seguinte, nos termos da chamada *"aritmética do relógio* de *n* horas", com

$$a_{ij}\,|\,i,j > n \to .a_{i-n;\,j}\,,\,a_{i;\,j-n}\,,$$

(*re*)*abrindo* o *circuito* entre os *n* elementos (com $a_{n\,n} = a_{n+1;\,n+1} \to a_{1\,1}$, portanto). Note-se, ainda, que, representando as linhas de qualquer um dos membros de cada um destes pares de matrizes as posições de *n* indivíduos "iguais perante a lei" (e, assim, *não ordenados*; cf as notas 11, 16 e 17), cada um desses membros pode representar todas as *n*! matrizes correspondentes às *n*! permutações possíveis entre essas *n* linhas.

([59]) Como é também *visível* no diagrama, cada uma das duas *preferências relativas* (a **negro** e em tipo diferente) se faz acompanhar pela *oposição* do 3º jogador (em *itálico* ou *grifo*). Por outro lado, em cada caso, cada um dos preferentes com «maioria relativa» *ama* ou adora uma 3ª opção, aliás sacrificada, que o outro odeia ou *abomina*! O impasse é *radical*, portanto: *absoluto* e *abrangente*! *Obs.*: Tem-se empregado, ao longo destas páginas, *"impasse"* e *"indecidibilidade"* *quase* como sinónimos; poder-se-ia

sem violar o *princípio da igualdade* precisamente definidor da *"hipótese democrática"*, segundo uma das *duas modalidades típicas* dessa violação já nossas conhecidas: (1) ou *privilegiando (ungindo) um* dos três *jogadores*, (2) ou *consagrando (santificando) uma* das três *opções* ([60]).

5.4.1 Tudo se passa de modo idêntico sempre que consideremos um *igual número* de *sujeitos* (ou *jogadores*) e de *opções* (de *cartas*, p. ex°)

---

distinguir, porém, entre as *"alternativas"* ou *"opções"* para um número *par* de "personagens" (ou de "participantes"), em que ocorrem *indecidibilidades «fortes»* ou *«puras»* (então, *«impasses»*), com '*p*' (o número de "participantes" ou "personagens") ou '*p - 1*' maiorias *equivalentes* (consoante o número destes for *par* ou *ímpar*), e *indecidibilidades «fracas»* ou *«simples»* (as constituídas por *n* maiorias equivalentes ou imediatas (tantas quantas as alternativas) e *n - 1* maiorias «menos valiosas» ou "mediatas"; mas essa distinção seria duplamente má, por ocorrer como arbitrária e, decisivamente, por não haver que *«distinguir»*, introduzindo *«graduações»*, nesse conceito *absoluto* de *"indecidibilidade"* que, na verdade, as não comporta. Como, contudo, se verá no parágrafo seguinte, usa-se aqui também *"impasse"* no seu sentido corrente e próprio, só de forma translata coincidente com o de *"indecisão"*.

([60]) O ex° de Arrow reproduzido na nota 8 do meu *Programa de Economia Pública*, já aludido na nota (*) ao título do presente exercício, constituindo uma matriz *simétrica*, tem uma arrumação de linhas diferente da do primeiro dos deste par, o que é irrelevante, como se viu. Para, formalmente, passar desta variante para o ex° de Arrow bastará proceder formalmente ao pré-produto de uma matriz-permutação adequada (da forma 3×3, com $a_{11} = a_{23} = a_{32} = 1$ como elementos não nulos) por esta variante, obtendo a permuta das suas linhas 2^a e 3^a. Que a generalidade deste *duplo circuito* para células ou blocos que sejam matrizes quadradas é de todo evidente pode ilustrá-lo o simples caso 2×2, com duplo circuito semelhante, mas com a sequência "(A) B (B) A" em vez da sequência "(A) B C (C) A B (B) C A", ou, em geral, os exemplos seguintes dados no texto. Como é óbvio também, sendo o (duplo) circuito axiomaticamente *circular*, o *início* e o *fim* de ambas as *sequências* (ou quaisquer outras suas *congéneres*, de *diferente ordinal*) são arbitrários. Anote-se, por fim, que uma receita para obter imediatamente versões *simétricas* do tipo do ex° de Arrow, representantes dos grupos de matrizes *"fortemente conexionadas"* que a *"aritmética do relógio* de *n* horas" permite, como vimos, obter imediatamente e exibir *como tais* (com $a_{kl} = a_{lk}$; $k, l = 1, \dots, n$), é ainda mais simples de enunciar e executar: uma vez reduzidos os n^2 elementos de cada matriz-célula aos *n* tipos de elementos iguais representados pelas *n* primeiras letras do alfabeto e, como tais, imediatamente reconhecíveis, bastará, com efeito, partir da *definição* de *matriz simétrica* como sendo a matriz quadrada em que são iguais entre si todos os elementos localizados em cada uma das $2n - 1$ rectas oblíquas (subindo da esquerda para a direita) constituídas pela *diagonal secundária* e as $2n - 2 = 2$ $(n - 1)$ rectas ("subdiagonais") a ela paralelas e *repetir, por sua ordem*, nas n^2 posições *ao longo dessas linhas, cada uma* das *n* letras: A, B, C, ... , N; A, B, C, ... (como, p. ex°, se praticou aqui ao construir os *diagramas de translação* do § 5.4, com, sucessivamente, $n = 2$, $n = 4$ e $n = 5$).

que nos permita construir, por rotação sobre o círculo não mágico, pares de matrizes simétricas e fortemente conexionadas ou indecomponíveis de modo imediato, como é o (nosso 1º) caso da forma 2×2,

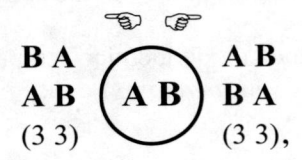

$$
\begin{array}{ccc}
\mathbf{B\,A} & & \mathbf{A\,B} \\
\mathbf{A\,B} & \mathbf{A\,B} & \mathbf{B\,A} \\
(3\ 3) & & (3\ 3),
\end{array}
$$

sem outros comentários (ver a nota 14).

5.4.2 Passando ao caso de 4 sujeitos e 4 opções, e passando a rodar sobre o círculo não mágico ao modo implícito de K. J. Arrow (rodando ou circulando sucessivamente, por quatro vezes, no *sentido retrógrado*, a partir dessas letras em posições *contíguas*, '**A, B, C, D**; **B, C, D, A**; **C, D, A, B**; **D, A, B, C**') e *transpondo* em seguida, obtemos imediatamente formas simétricas 4×4 como as seguintes

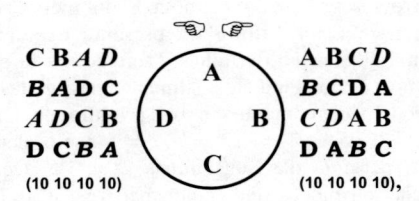

$$
\begin{array}{ccc}
C\,B\,A\,D & & A\,B\,C\,D \\
B\,A\,D\,C & & B\,C\,D\,A \\
A\,D\,C\,B & & C\,D\,A\,B \\
D\,C\,B\,A & & D\,A\,B\,C \\
\text{(10 10 10 10)} & & \text{(10 10 10 10),}
\end{array}
$$

com as 4 alternativas, **A** v **B**, **B** v **C**, **C** v **D** e **D** v **A**, que nos são «reveladas» por *rotação* (menos impropriamente, *circulação*) *sinistrorsum*, cada uma delas recolhendo 3 das 4 *preferências* (**A** > **B**, **B** > **C**, **C** > **D** e **D** > **A**), *«reveladas»* agora por 3 "sujeitos" ou "jogadores" (ou pelos 3 "participantes" ou "personagens"), mas sendo cada um dos trios daquelas 4 *opções* possíveis (por **A**, por **B**, por **C**, por **D**) *abominado* pelo 4º (com a mais forte rejeição: em 4º e último lugar na ordem das preferências por ele «reveladas»), o mesmo se passando, *mutatis mutandis* (quer dizer, *ao espelho*; *do avesso*; *ao contrário*) com as formas transpostas, se houvermos *«revelado» preferir* rodar *dextrorsum*.

5.4.3 Também se nos depara, como era de esperar, situação seme-lhante no caso imediato, 5×5, em que, *mutatis mutandis*, se nos oferece agora a figura

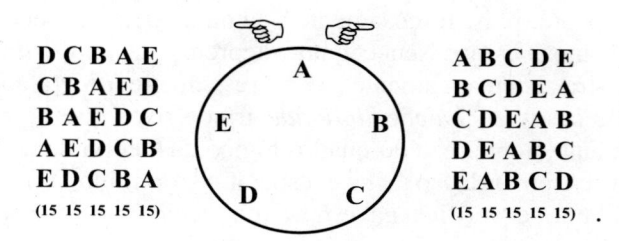

DCBAE
CBAED
BAEDC
AEDCB
EDCBA
(15 15 15 15 15)

ABCDE
BCDEA
CDEAB
DEABC
EABCD
(15 15 15 15 15) .

5.4.4 *Impasses* todos, realmente, só redutíveis *à martelada*, de um de dois modos violando os modestos e óbvios *pressupostos* (*premissas, postulados* ou até pre*conceitos* ou pre*juízos*, consoante a força da sua afirmação; mas sempre *axiomas*, ou *unidades de valor*) da "democracia em sentido formal": ou con*sagrando* uma *preferência*, ou *ungindo* um *preferente*.

§ 6 (Interlúdio)

6.1 "Ou con*sagrando* uma *preferência*", acabei de escrever: Eventualmente «revelada», no sentido em que o for... É que se torna óbvio que os «*números*» (quer *cardinais*, quer *ordinais*) que acompanham os jogos da *teoria da decisão* como constituindo a «*utilidade métrica*», absoluta ou relativa, «encarnarão» «preferências reveladas» num alcance *teológico*, descidas ao bestunto dos veneráveis jogadores como *ciência infusa*, embora os autores finjam, envergonhadamente, que terão sido as *cartas, dados* ou *pedras* (mortas ou vivas) com que eles jogam seus jogos de salão que «revelaram» essas preferências ('*ex voluntate*', '*por supuesto*'; sem qualquer coacção...). Paul A. Samuelson escreveu uma vez, descaridosamente, que o algoritmo utilizado pelo próprio Marx e pelos futuros concorrentes ao prémio Böhm-Bawerk para a solução do «problema da transformação» do *Livro II* do *Capital* era o *algoritmo da borracha* (ou da *esponja*: do *apagador*): *apagavam-se* os *preços*, e escreviam-se os «*valores*» em seu lugar. Parafraseando o mestre economista, direi agora que o algoritmo de que se servem os veneráveis cultores da "*teoria da decisão*" é o algoritmo da *esferográfica* (ou do *giz*, ou da *pena de pato*: ou do *dedo*, ou do *rato*, no caso do *processador de texto*; em qualquer caso, do «*escrevedor*»...)... Chega-se ao quadro negro ou ao papel em branco (*tabula rasa, vel dealbata*) e *escrevem-se* os números: '*Voilà!*', como teria concluído o engenheiro de minas Léon Walras!

6.2 Ocorrem, pois, forçosamente — como Arrow observou há quarenta e oito anos, com o seu célebre "teorema da *impossibilidade*", e agora se mostra sistematicamente —, no respeitante à regra das decisões *maioritárias*, casos de *indecedibilidade* irrecorrível que comprometem irrecorrivelmente a inteireza do quadro lógico da "teoria da decisão". E o que se verifica em relação a este específico domínio, no campo das *opções*, também se verifica na *esfera* (ou *hemi*sfério) sua vizinha, da "economia do *bem estar*", agora quanto a "*mudanças de* estado" e quanto a "*estados*", que também são *opções* entre *alternativas* robbinsianas (ao menos *virtuais*) e *resultados* dessas *opções*; a diferença, *palpável*, entre ambos os domínios, reside em os *números* atribuídos às opções, que aqui apenas nos auxiliaram a *racionalizar* e *sistematizar* os casos de *indecibilidade*, ocorrerem ali como «revestimento» de uma alegada «*substância utilitária*». Embora se não trate, professamente, aqui desse específico domínio — até por a chamada "economia do bem estar" ter sido objecto de uma crítica sistemática de I. M. D. Little, do mesmo ano do "teorema da *impossibilidade*" de Arrow e de "uma precisão quase cirúrgica", como já escrevi (na nota 22 do meu *Imposto regressivo e redistribuição*) —, importará, contudo, notar aqui («entre parênteses»), quanto a esta outra faceta de um mesmo «campo unificado», os semelhantes casos de *indecidibilidade* que Amartya Sen, dezanove anos decorridos, observaria e informaria com agudeza:

> 'Estamos, agora, em condições de observar o avesso de um *dilema* posto em destaque por SEN 1970 (cf a nota 47). Se se verificou "a impossibilidade de um *liberal* paretiano" ao decidir pela mudança de situação (ou posição) para atingir um *máximo de Pareto*, verifica-se agora, uma vez atingido o "ponto de equilíbrio *estável*" que esse "máximo" (*rectius*, esse *óptimo*) traduz, se é, *forçosamente, conservador* em relação a toda e qualquer nova mudança *infinitesimal* de posição ("deslocamento"), pois tal teria como consequência fazer diminuir, pelo menos de um infinitésimo, a «ofelimidade» de pelo menos *Um indivíduo* (*um infinitésimo* de uma «colectividade» *infinita*), assim se impondo, para a mudança (*evolução*), em homenagem ao imperativo '*neminem laedere*', a regra do *consenso* absoluto e imperativo, i. e. da *unanimidade*, contra a da *maioria* (embora *esmagadora*; cf a nota 47): assim se adjudicando ao sucedâneo estático do «óptimo» o perpétuo exercício da sua natureza de «inimigo do bom»'.

> (Aníbal ALMEIDA, *Prelúdio a uma reconstrução da Economia Política, Apêndice* V, nota 14)

E, *mais radicalmente* — como notou o mesmo Sen, nove anos a seguir —, verifica-se ainda a ocorrência de um *impasse* sistemático devido à *intransitividade* no respeitante a uma *passagem* que implicaria a *homogeneidade de* ou, pelo menos, a *transitividade entre* entidades visivelmente *não miscíveis* e, pelos vistos, *irreconciliáveis*: as alegadas (e *numeradas...*) «*utilidades* pessoais» e os «*juízos de valor* públicos» *interpostos* (sem exclusão dos «mercantis», de modo implícito mas necessário grosseiramente equiparados aos «públicos»...), ou os "*vícios privados*" e os "*benefícios públicos*" colocados em contraste por um Bernard Mandeville *utilitariamente* «ignorado» ou «esquecido» por sucessivas «gerações sobrepostas» de celebrantes profissionais da colecção de ritos de magia *simpática* (*?*) *forçosamente conservadora* que recebeu o nome de «*economia do bem estar*».

E o desconcerto entre a visão «decisionista» e o mundo da política vai-se tornando, mais do que irremissível, realmente gritante, insusceptível de não impressionar mesmo os ouvidos de quem padeça de uma compreensível surdez profissional. É o que sucede, p. ex° (embora muito tardiamente em relação à arquitectura do seu discurso...), com um par de consagrados manualistas de *Economia Pública* que ensaiam deste modo, candidamente, erguer um tímido balanço do seu percurso «pedagógico» até aí cumprido (ou por cumprir...):

> 'To this juncture, we have discussed the aggregation of individual preferences directly into a public decision. [However, w]ith few exceptions, almost all decisions in the public sector are taken by elected representatives or civil servants. Occasionally, a referendum imposes direct constraints on the actions of the representatives, but this tends to be the exception in most countries',
>
> (Anthony B. ATKINSON & Joseph E. STIGLITZ, *Lectures on Public Economics*, McGraw-Hill, 1980, § 10.2.4, '*Representative democracy*', *incipit*, pp 307-8)

proposição *des*encantada que nos remete, além do mais, para a presença permanente e discreta, na esfera do poder, de *decisores autónomos profissionais independentes de quaisquer votações*, cuja camada hierarquicamente superior vai respondendo sempre, com enfado polido, aos sucessivos governantes: '*Yes, Minister!*'...

O que mais nos importa frisar aqui é, portanto, o seguinte: não é a persistência de *indecidibilidades* que compromete definitivamente a «teoria da *decisão*», mas sim a insusceptibilidade, insuperável e sistemática, de *transitar* das *alegadas* «preferências reveladas» pelos «numerosos» e «anónimos» *indivíduos* para as *efectivas* «preferências reveladas» pelos *titulares do poder político* numa democracia, digamos, *mediata* ou *indirecta*, usualmente dita «democracia *representativa*», dado não haver *via*

— *atalho* (*'sentier'*), estrada ou *ponte* (*'no bridge!'*) — para *transitar* entre ambos os domínios, como há quase meio século nos mostrou Kenneth J. Arrow pois, com efeito, segundo o lapidar e recente resumo da intrigante espécie bibliográfica que é o «Cosciani 'completamente rinnovato'»,

> 'Alla dimostrazione [del *teorema dell'impossibilità* [nel fondamentale saggio *Social Choice and Individual Values* (del 1951, e sucessiva edizione del 1963)] Arrow giunge pur partendo di requisiti minimi estremamente plausibili riguardo al procedimento di costruzione della funzione di benessere sociale, sui quali è facile raccogliere l'accordo dei componenti della colletivittà. Ma benché di elevata ragionevolezza, e quindi di larga accettabilità, e apparentemente non stringenti quei requisiti si revelano talmente restrittivi da *escludere l'esistenza di una qualunque procedura in grado di trasformare le preferenze individuali in preferenze collettive'*.

> ("Cesare CoscIANI", *Scienza delle Finanze*, 9ª ed., póstuma, 'completamente rinnovata', Turim, UTET, 1991, § 4.7, p 68; *grifado* pelos *'curatori'*)

É, pois, patente, que do "ensaio fundamental" se recolheu apenas, e se menciona apenas, na *teoria* e na *doutrina* convencionais, o conhecido ataque *parcial* de K. J. Arrow à «teoria da decisão», sob a espécie do célebre "teorema da *impossibilidade*", que apenas fere, contudo, a «disciplina» sob a espécie que aqui se denotou por *indecidibilidade* (ou da «impossibilidade de decidir», mudando a ordem jurídica, em *certas* e *contadas* eventualidades: ver o § 3.2), e não a conclusão *fatal* sobre o que aqui se denotou por *intransitividade* (ou *inviabilidade*, ou *impossibilidade de transitar* entre a esfera dos *administrados* e a do *poder de decisão política* ([61])).

([61]) Os aludidos "requisitos *mínimos*", na realidade "extremamente *razoáveis*" e, deste modo, mais do que susceptíveis, realmente dignos de recolher a *unanimidade* de todas as pessoas *minimamente razoáveis*, traduzem-se nos quatro *princípios* seguintes: (1) da *unanimidade* (princípio *de Pareto*), (2) da *universalidade* (ou da "gama [*materialmente*] irrestrita das graduações individuais"), (3) da *"independência* [para *cada* escolha] das «escolhas irrelevantes»" e (4) da *não-ditadura* (ou da "gama [*pessoalmente*] equivalente das graduações individuais"). (Obs.: a expressão *"(in)transitividade"*, no sentido do texto, como se viu até aqui, ocorre a denotar a *(in)viabilidade da transição* (ou da *passagem*) da esfera das *escolhas individuais* para a da *escolha pública*, e não se deve confundir com o sentido desse mesmo vocábulo que, na terminologia de Arrow, ao exprimir a *exigência de "transitividade"* como faceta da *exigência prévia* de *racionalidade* das escolhas, equivale à transferência, para o domínio da «teoria da decisão», do sentido de que ele se reveste ao qualificar a «propriedade *transitiva*» da «relação de *grandeza*» da *teoria dos números* — e, em geral, da *teoria das operações lógicas* —, segundo a qual, p. ex°, $A > B \land B > C \Rightarrow A > C$).

§ 7 (Episódio)

7.1 Cumpriram-se, entretanto (principalmente desde os anos *setenta*), novas e importantes indagações sobre *outros tipos* de *jogos sociais*, particularmente na senda aberta pela justamente célebre *teoria da justiça* de John Rawls (*A theory of justice*, 1971), posteriormente qualificada (*'Tanner Lectures'*, 1982) e, ultimamente, radicalmente reformulada (*Political Liberalism*, 1993), senda essa percorrida, nomeadamente, antes de todos, por Amartya Sen, desde a sua *teoria da desigualdade económica* (*On economic inequality*, 1973) ao seu recente *reexame* (*Inequality reexamined*, 1992) que sintetiza, praticamente, todo o percurso, digamos, *construtivo* do mais recente Prémio Nobel da Economia (1998) após uma fase crítica, já aqui aludida (§ 6.2).

Parece, pois, nada menos que urgente introduzir aqui, também «entre parênteses», antes de concluir, uma qualquer referência ao espaço lógico explorado por ambos os autores, e confrontar o seu perfil com o do espaço lógico até agora percorrido aqui e indigitado como próprio da *teoria da decisão* enquanto *teoria*, ou seja, tendencialmente, weberianamente *'Wertfrei'*.

7.1.1 John Rawls, sabidamente, (1) bipartiu a questão da *«justiça»* em duas ordens de pressupostos *axiológicos*: entre (1.1) um *princípio da igualdade* que se traduz, em relação aos *governados*, na exigência aos *governantes* de lhes assegurar a fruição do "mais amplo sistema global" (*'the most extensive total system'*, 1971; depois, de "um esquema perfeitamente adequado": *'a fully adequate scheme'*, 1982) "de liberdades elementares que seja compatível com um sistema ("esquema") similar de liberdade para todos", e (1.2) um *princípio da diferença* (ou das "desigualdades sociais e económicas") que *legitima* o *exercício do poder* mediante uma dupla exigência, (1.2.1) *formal* (de *meios*), de ser e se manter *aberta* uma passagem de *governados* a *governantes* (*'offices and positions open to all'*), e (1.2.2) *substancial* (de *fins*), que se traduz, também em relação aos *governados*, na exigência aos *governantes* de o poder ser exercido "para grande vantagem dos menos favorecidos" (*'to the great benefit of the least advantaged members of society'*). Posteriormente (ultimamente: *Political Liberalism*, 1993), o autor moderou todas as exigências de *acesso* e *desempenho* no *exercício do poder*, ao mesmo tempo que assumia, sem reticências nem evasivas, a natureza *doutrinal* da sua construção, dando lugar a 'um segundo John Rawls, já menos exigente, e após a descida de um *dever ser* ainda kantiano para o «*ser*-dever ser» da «moral pública das democracias constitucionais modernas», com base no critério do (ou no apelo para um) «consenso alargado» ('*overlapping consensus*')'.

(Aníbal ALMEIDA, *Programa de Economia Pública*, 1998, § 3.2.4, p 8)

7.1.2 A. Sen, por sua vez, vem explorando a «*teoria do bem estar*» em novos moldes, a *teoria do comportamento* dos *agentes económicos*, a *liberdade*, a *igualdade* (e, até, alguma «*fraternidade*»...) de modo muito rigoroso e com recurso a modelos formais recuperados da «*teoria da decisão*» convencional que tão agudamente contribuíu para desmontar. Num dos estudos mais importantes e mais recentes, e o mais significante sobre a evolução do percurso teorético do autor, é-nos possível surpreender claramente a existência de uma fronteira nitidamente delineada entre os seus temas e perspectivas, e o que respeita (como sucede com este mesmo artigo) à *teoria da decisão* e à estrutura social que actualmente lhe deve presidir. Segundo o próprio teor literal de dois excertos escolhidos — ao dissertar, com as suas *razões*, sobre os seus *postulados* na verdade *cogentes*, embora adrede envoltos numa embalagem de aparente bom senso, no que respeita ao próprio *estofo* das *liberdades* e à *detenção* das «*alavancas de comando*» que constituem os instrumentos do exercício do *poder* (*N. B.*, as "alavancas de comando do poder *político*" *stricto sensu*...) —, Sen [1] reconhece a ocorrência de uma *impossibilidade* (aliás evidente) de *auto*domínio, *mas* [2] denuncia a ocorrência de uma alegada *confusão* latente, segundo ele carente e susceptível de «solução» *neutralizante* da *questão* do *domínio*, *scilicet*:

'**[1]** *In modern society, given the complex nature of social organization, it is very hard, if not impossible, to have a system that gives each person all the levers of control over her own life.* But the fact that others might exercise control does not imply that there is no further issue regarding the freedom of the persons; it does make a difference how the controls are, in fact, exercised'.

[2] 'Many freedoms take the form of our ability to get what we value and want, without the levers of control being *directly* operated by us. The controls are exercised in line with we value and want (i. e. in line with our "counterfactual decisions" — what we *would* choose) , and in this sense they give us more power and more freedom to lead the lives that we would choose to live. *To confuse freedom with control can drastically reduce the scope and force of that great idea*'!

(Amartya SEN, *Inequality reexamined*, Oxford, Clarendon Press, 1992, § 4.5, pp 65 e 64; *grifei* o primeiro *pressuposto* e a *conclusão* final!)

É óbvio, deste modo, nada ter de inocente uma questão insinuada como *terminológica* mas, na verdade, de *substância crucial*, como a que se disfarça e se nos insinua nesta pequena nota de pé de página:

> 'What is being called "effective freedom" here was called "freedom as power" in Sen (1982*c*). G. A. Cohen and Jean Drèze have given me good reasons to think that the word "power" is not very helpful in making this distinction, and that it is hard to differentiate "power" from "control" in ordinary usage. Hence the attempt here to use a different term to refer to a person's ability to get systematically what he would choose no matter who actually controls the levers of operation'!

> (Amartya SEN, *Inequality reexamined*, Oxford, Clarendon Press, 1992, em nota 13 ao cap. 4, p 65)

Bastaria, portanto, para a «legitimar», que a acção (política) do déspota fosse a de um *déspota esclarecido* (*por* Sen ou outro «legislador ou filósofo benevolente», como a si próprio se considerava, modestamente, o indiscreto Jeremy Bentham; cf, p. ex°, a nota 67 do meu *Prelúdio a uma reconstrução da Economia Política*), adivinhando os íntimos anelos dos seus felizes súbditos e indo ao encontro dos seus *«reais»* desejos, '*no matter who actually controls the levers of operation*'!

Não será tudo isto preferir *riqueza média* a *liberdade inteira*, ao considerar as *«alavancas do poder»* (aliás *político, somente*) *independentemente* da sua detenção ou, pior do que isso, ao considerar que elas serão mais bem manipuladas por um qualquer "Irmão Mais Velho" sapiente e benévolo que, ainda por cima, nos pouparia a enorme maçada de exercitar a ímproba tarefa de as manejar? Não nos parece ouvir de novo, como que propagada por uma usada aparelhagem do antigo «estado sólido», entre rangentes investidas do assobio do «kilociclo», aquele velho e sibilino misto de comando e consolo presente numa «palavra de ordem» infelizmente bem conhecida por estas latitudes e longitudes, segundo a qual "Se tu soubesses quanto *custa* mandar, obedecerias toda a vida"?

7.2 Num caso e noutro (de J. Rawls e A. Sen) — e para além da dúvida inquietante que se deixou cruelmente (im)plantada no recentíssimo último período do recentíssimo § 7.1.2...—, trata-se, pois, *ali*, de explorar *outro* domínio que, embora tendo, visivelmente, com este nosso, uma comum fronteira, dele se aparta com toda a nitidez: trata-se, sempre, *então*, de reflectir e dissertar, abertamente, sobre «matéria» *axiológica*, e até *deontológica*; de qualquer modo, sobre *juízos de valor* (*razões* de *dever ser*) referentes aos *agenda* (*funções*, objectivos, *fins* ou finalidades) e ao *comportamento* (mais em geral, aos *órgãos* e aos *meios*) das *organi-*

zações políticas dotadas de *poder de comando*, aliás *silenciando*, como já se notou, o *exercício do poder* pelas *grandes empresas* com *poder no mercado* (*'market power'*) que não se obrigam a qualquer forma de *«transparência»* (*publicidade* de *meios* e de *intenções*) e não precisam de temer o sufrágio, dispondo dos governos sem reciprocidade de espécie alguma, no nosso novo tempo de «globalização» fatal e de sempre iminente ameaça ou acção de fuga ou transferência «com armas e bagagens», a que se chama, *precisamente, «deslocalização»...*

Numa palavra, parece claro que, *curiosamente*, o ilustre *economista* galardoado com o Prémio Nobel da Economia de 1998, após o seu encontro com *jurista* emérito que é John Rawls, passou, como ele, a dedicar-se a uma análise social global que, apesar de altamente *formal* ou *«analítica»*, conforme prometia a sua alta formação profissional, visivelmente se reveste do cariz *nomotético* (que, literalmente, se refere à *construção de normas de conduta*, e que se desenvolve emitindo *doutrinas*, sempre lidando com *valores*) peculiar e próprio dos *juristas*, assim passando, embora sempre permanecendo *lógico*, de economista *teórico* e *politólogo* à condição de *juspublicista*.

7.3 Tais exercícios de reflexão são importantes e meritórios, e por certo bem vindos a este mundo, no nosso tempo em que (re)conhecidas vozes de novo clamam por «regras e não política» e, de preferência, «regras nenhumas», i. e., «desregulamentação»; sempre por «tanto *melhor* estado quanto *menor* estado» e, ao mesmo tempo (e paradoxalmente...), pela promoção, pelo «menor estado» ou *estado menor*, do contra-*agendum* «*des*igualdade», i. e., por uma «sadia» "redistribuição *negativa* dos rendimentos", ou por «enriquecer os ricos para maior *"bem estar" futuro comum* de todos nós» ([62])! Por outro lado, a atribuição recente do '*1998 Bank of Sweden Prize in Economic Sciences in Memory of Alfred Nobel*' pela Real Academia das Ciências Sueca a Amartya Sen, '*for his contributions to welfare economics*', é uma mudança de tendência que se não

---

([62]) Quer-se aludir aqui, *nomeadamente*, à recentíssima realização de "uma iniciativa do Fórum de Administradores de Empresas", sob a epígrafe "12 ideias para o desenvolvimento de Portugal", realizada em Lisboa, em 23 de Fevereiro de 1999, em que intervieram dois economistas universitários portugueses, Sérgio Rebelo e J. César das Neves, segundo a *imprensa* (e enquanto esperamos "pelo Verão" e pelos respectivos e prometidos textos numa *versão autorizada*) ambos propondo a promoção daquele "contra-*agendum*" e lamentando que tenha sido posto em vigor o "Rendimento Mínimo Garantido", por ele se lhe opor. Esperemos pelo Verão... (Obs.: Vindo e passado o Verão, nada soou...).

pode deixar de saudar. Mas esse (ou *outro*...) mundo é um *outro* mundo, que é *posterior* e *póstumo* em relação às ambições e ilusões, axiológicas e apodícticas, dos exercícios teoréticos da «teoria da decisão» [63].

§ 8 (Recapitulação)

8.1 O tema deste ensaio, no contexto *formal* em que vem sendo elaborado, é um tema global do foro das *ciências sociais* e, deste modo, comum à *economia* e à *politologia*. Os sinais disso são numerosos, desde o nível didáctico para *undergraduates*: p. ex°, Samuelson, nas suas *Economics...*, *põe* em vários lugares a expressão *"votações de um dólar"* e *supõe* quase sistematicamente esse conceito *unificante* [64]. Por outro

---

[63] Essa razão de ser é uma razão *oficial*, segundo o extenso e pormenorizado conteúdo do *sítio* da Fundação Nobel na Internet, sob o endereço genérico "**http:// www.nobel.se/**", ramo "**announcement.-98/economics98.html**", "**Page 1 of 5**", colhida em 20 de Outubro de 1998. É claro que essa referência, demasiado «geral e abstracta» e por certo ilusória, vem matizada nas páginas seguintes. A *tendência* «invertida» a que se acaba de aludir, globalmente conformista e empenhadamente ideológica (como vem sendo reconhecido quase universalmente; e é bom rememorar que o mais recente Prémio Nobel, ao contrário dos outros, é financiado pelo Banco da Suécia...), atingira o seu *limite* com a atribuição do Nobel da Economia de 1987 a Robert C. Merton e Myron S. Sholes, pela alegada razão de ser de terem inventado *"a new method to determine the value of derivatives"* (tratar-se-ia, *primo conspectu*, de um par de *matemáticos* co-inventores do *cálculo diferencial*, na nobre tradição de Descartes, Leibniz, Newton & *al.*!); do que se trataria, sempre segundo a Academia, era de terem inventado "a pioneering formula for the valuation of stock options [which] has paved the way for economic evaluations in many areas [and] also generated new types of financial instruments and facilitated more efficient risk management in society", como se informa de seguida, por certo com o credo na boca em face de uma conhecida e notória «catástrofe iminente»; e, tudo isto, em relação à *actividade especulativa* financeira mais recente "na sociedade", e «naturalmente» (pela própria estrutura) mais arriscada, a *funcionar «em tempo real»*, desenfreadamente, nesse mercado *virtual* imparável que é a rede mundial de bolsas de *«derivados»*... Se é, na verdade, *curioso* haver-se atribuído o '*1998 Bank of Sweden Prize in Economic Sciences in Memory of Alfred Nobel*' a um *economista* de formação (aliás, seguramente, um mestre economista) de quem o seu próprio "*camino hecho al andar*" (para relembrar um dito ou escrito célebre de António Machado) transformaria em algo como um *juspublicista*, mais *curioso* ainda é esse prémio ter-lhe sido conferido, *textualmente*, '*for his contributions to welfare economics*', o que só é compreensível (além do mais, quase meio século após a quase destruição da agonizante «disciplina» por I. D. M. Little e K. J. Arrow... e pelo próprio A. Sen!), com ironia impiedosa, em atenção ao bem da eutanásia!

[64] Enquanto único exemplo daquele exemplo, aqui se deixa registado este *prospecto* maravilhoso do paraíso inexistente (salvo na base clandestina da propaganda

lado, como é patente, o *veículo formal* global dos tratamentos deste tema, sem excluir o aqui utilizado, tem muito a ver (para dizer o menos...) com o da *teoria dos jogos estratégicos*, canonizada por J. V. Neumann & Oscar Morgenstern há cinquenta e quatro anos, e muito pouco ou nada a ver com um seu sucedâneo prantado e cultivado por Charles Tiebout e por James M. Buchanan, de doze a vinte e um anos depois: a *teoria dos clubes* ou do *consumo colectivo*, de muito mais modesta elaboração teórica e de muito menor potencial hermenêutico e êxito científico ([65]). Mas a *inanidade* de tais *espelhos* para reflectir a *realidade social* é óbvia e bem visível! Ao passo que os jogos estratégicos matriciais formalizados segundo o cânone de V. Neumann & Morgenstern não consentem, ainda hoje (apesar das esperanças dos promotores), mais do que dois ou três participantes, nem mesmo uma estrutura lógica bem menos exigente e muito mais ligeira, e extensível sem limites (quer «objectivos», quer «subjectivos»), como a de Kenneth J. Arrow ou a do breve ensaio que agora finda, nos poderia fornecer esse mágico "espelho da *natureza*" (já se vê, *«animada»*!), para empregar a expressão peregrina de Richard

---

do "*liberalismo*" como *doutrina*, quer *económica*, quer *política*) desse outro (mas não novo) "*melhor dos mundos possíveis*" dos (hoje) velhos avatares do *Douteur Pangloss* de Voltaire (ou esse outro *Youkali* de Déral & Fernay e Kurt Weill, numa versão «positivista», prosaica e algo obscena) que foram J. B. Say, V. Pareto, J. B. Clark, A. Marshall e A. C. Pigou ("seu emissário na terra"), C. E. Ferguson & *al.*: 'Under perfect competition, where all prices end up equal to all marginal costs, where all factor-prices end up equal to values of marginal-products and all total costs are minimized, when the genuine desires and well-being of individuals are all represented by their marginal utilities as expressed in their dollar voting — *then* the resulting equilibrium has the efficiency property that "you can't make any one person better off without hurting some other person" ' (SAMUELSON, *Economics*, 11ª ed, § 32 (.5), p 591).

([65]) Se o *produto principal* é atraente e sugestivo (à parte as óbvias limitações comuns, que, até agora, não logrou transcender), o *sucedâneo* é, a meu ver, um *retrocesso*, retintamente *marginalista*, com um esquema muito simplificado de *minimização do custo* colectivo, que se pretende aplicar a *organismos* colectivos (a «clubes», seitas, academias, empresas e governos), formalizando convencionalmente, mediante a microeconomia empertigada sua peculiar, os velhos problemas de "afectação óptima de recursos escassos" entre optimizadores iguais e sempre *justamente* retribuídos (ver o *prospecto* de Samuelson transcrito na nota anterior), que assim transpõe para o espaço fechado de uma «casa comum» celibatária. O êxito dessa tentativa de *captura* da sociedade *intra muros* de um *club* «ideal» foi bem pequeno, como seria de prever, e não parece ter sobrevivido praticamente ao artigo de James M. BUCHANAN, *A theory of clubs*, publicado nas pp 1-14 do vol. da "Economica" de 1961, ao conhecido livro de J. M. BUCHANAN & J.TULLOCK, *The calculus of consent* (1962), e ao quase nada que se lhe sucedeu até ao fim da década.

Rorty para a filosofia! Vejamos só: para espelhar um país tão *pequeno* como é Portugal num *espelho* tão *grande* (e, aliás, tão *simples*...) como o presente, com que *especulo* aqui, teríamos diante uma estrutura *simples* mas tão vertiginosa como a seguinte (para um número de alternativas $n = 3$, com A, B e C, p. ex°, e com 'p' de "*personagens*" ou de "*participantes*": cf a nota 15), $(P_n)^p = (n!)^p = (3!)^p = 6^{8\,864\,604}$ ([66]), ou seja, uma bicha de trios a confinar com o infinito! É que, realmente, não obstante a circunstância de os portugueses serem todos "muito parecidos uns com os outros", não parece possível «uniformizá-los» *ad hoc* sem resistência, já não dos «argumentos», mas sim dos próprios «factos», em relação a *qualquer dos modelos* de *teoria da decisão* ([67]). O *impasse* é, pois, geral...

8.2 O verdadeiro *impasse* da «teoria da *decisão*» para as democracias *representativas* não está, portanto, localizado numa segura e inevitável ocorrência de *indecidibilidades*, mas sim na *intransitividade*, tão insuprível quão *sistemática*, entre os *planos* (*em ambos os sentidos*) dos *governados* e *governantes*, o que se vem a traduzir numa também inevitável *heteronomia* do poder e, uma vez reconhecido ou identificado, não me parece que se revele escasso em consequências. Não subsiste, realmente, um verdadeiro *impasse* global enquanto *indecidibilidade*, uma vez que, *no mundo*, uma margem *tolerável* de *indecidibilidade* nas decisões do(s) órgão(s) próprio(s) do *poder «delegado»* (o *parlamento*, legislador por excelência, e o *executivo*; mas este assunto só interessa ao primeiro...)

([66]) O expoente da última potência corresponde ao universo de detentores de "capacidade eleitoral *«activa»*" (os "eleitores inscritos") nas últimas eleições realizadas em Portugal (para a Assembleia da República, em 10 de Outubro de 1999), em que, aliás, apenas foram "*votantes*" 5 415 102, i. e., 61,09% deles... Veja-se o "Mapa Oficial n° 2-A/99", no *DR* n° 247/99, *I Série-A*, de 22 de Outubro, pp 7 082-(6-7). (Obs.: no penúltimo acto eleitoral, para o Parlamento Europeu, realizado em 13 de Junho de 1999, a opção '**NL**' — cf a nota 27 — foi a mais numerosa de toda a história da democracia representativa em Portugal, visto que apenas foram "*votantes*" 3 467 085 dos 8 681 854 inscritos, i. e., 39,93% deles, sendo, portanto, substancialmente *abstinentes* 5 214 769, i. e., cerca de 60,07%... Veja-se o "Mapa Oficial n° 1/99", no *DR* n° 167/99, *I Série-A*, de 20 de Julho, p 4 483).

([67]) A *teoria* («formal») *da decisão* (*universal*) tem-se espalhado, não propriamente «aos quatro ventos» ou às «sete partidas», mas, certamente, ao *vento do Noroeste* (em relação a nós...) e à «partida» ou *zona* (longitudinal) *temperada do Norte*; tem, na verdade, até uma revista própria, "Public Choice", que se publica, precisamente, desde 1961 (cf a nota 22). Os resultados importantes, porém, *não* os *conheço* (ou *reconheço*), mas não irei ser eu (mais um!) apologista da "*ignorância*" como «*argumento*»...

no seio de uma *democracia representativa* não compromete essencial-
mente o seu *funcionamento*; como os juristas muito bem sabem, da não
aprovação de um *projecto* (ou *proposta*) *de lei* não deriva necessariamente uma inquietante situação de *vazio do direito*, uma vez que haver a
maioria obstado à sua aprovação apenas significa que se mantém a vigên-
cia da ordem jurídica anterior, precisamente em consequência de se ter
assumido a opção *tipo* "**A**" (de '*Antiquo iure utor*': cf a nota 27), um dos
três *tipos* de opção possíveis ([68]). O verdadeiro *impasse* é, pois, bem mais
profundo, e situa-se alhures.

8.3 Retroagindo agora, já no *cume* do monte, à *cota zero* na origem
da subida, aliás modesta e moderada, em busca de um panorama mais
«elevado» (ou, pelo menos, mais desafogado...), é evidente que o
impasse, no respeitante à *vertente política*, não residia ali (no § 6.1):
naquela mera «questão de números», ou seja, de «praticabilidade». Pelo
contrário, a natureza do *impasse* é de carácter irredutivelmente *qualitativo*, ao menos no que diz respeito à *politologia* e à *decisão política* ([69]).

([68]) Contra o que ocorrerá com o eventual «homem da rua», leigo ou mesmo
profano «em termos de» *Direito*, qualquer jurista de formação entenderá perfeitamente que a circunstância de um (ou diversos) projecto(s) ou proposta(s) de lei não
conseguir(em) congregar, num parlamento, a maioria de sufrágios legalmente exigida
para a sua aprovação não provoca um como que «*vazio* legal», apenas sucedendo
que, desse modo, permanece em vigor o «antigo direito», dado que a assembleia
precisamente optou por responder de forma *negativa* (com a expressão implícita
'*Antiquo iure utor*': cf a nota 27) ao *rogo* do «pretor» que propôs a *mudança*. Não
obstante frequentemente se fazerem ouvir altas vozes de leigos a lamentar a «falta de
legislação» sobre «matérias novas» (p. ex°, ainda agora, sobre a temática do «direito
do ambiente», a começar pelo princípio do «poluidor-pagador»; e sobre o tema dos
«direitos do consumidor»), sabe o jurista muito bem que o sistema comporta suficien-
tes mecanismos de *expressão*, de *explicitação*, de *auto-preservação* e mesmo de
expansão virtual (mediante o emprego das regras usuais de *interpretação das normas
jurídicas*, princialmente por via do recurso à *interpretação extensiva* e à *integração de
«lacunas»*, e sem ter de perder-se em laboriosas e estéreis astúcias como a do velho
«*dogma da plenitude lógica do ordenamento jurídico*»...), e que o *statu quo ante*,
assim repristinado em semelhantes ocorrências, podendo ser de *mau* direito, não é,
forçosamente, de «*ausência de* direito» — tudo, aliás, *aquém* (ou *para além*) da
indecisa e movediça esfera da *indiferença para o direito*...

([69]) Frise-se, na verdade, que a identificação do *impasse* da «teoria da decisão»
enquanto *intransitividade* quebrou o «*campo unificado*» da *economia* e da *política*, por
àquela caber antes a *indiferença* como estado latente de *quiescência* tendencial, aliás
logo *ignorado* como «elemento *perturbador*» — mais do que isso: *destruidor* — da
própria virtualidade hermenêutica do paradigma *marginalista* — isto da perspectiva da
«teoria da decisão» convencional (aliás, também *marginalista*), como se deixa ver...

Ao predispor a *axiomática* do presente *modelo*, caracterizou-se «o mundo» como sendo o referente à *«democracia* em sentido *formal»*; porém, por mais «formal», menos voraz de intimidade e substância, que este conceito seja, ao «modelá-lo» não se pode evitar (ou fingir «esquecer») a necessária *mediação* do *"estado ou governo"* entre «participantes» *'uti cives'* e as "opções" assumidas por fim, sem *transitividade* possível entre ambos os extremos! Ao proceder *como é usual* (e assim se procedeu *até aqui*), está-se a *passar pelo* incómodo, quase sempre ignorado, do *"estado ou governo"*, como se se tratasse de um fantasma indiscreto, ruidoso e sem maneiras, inconformado com a sua condição de *«quase inexistente»* (dando conto ou desconto ao hiante paradoxo entre «aspas»...), quando devia ser reconhecido por toda a gente (embora alguns *'à contre-coeur'*...) que, *na hipótese mais simples*, a comunidade dos cidadãos, como *mandante* colectivo *abstracto*, elege *mandatários* ou *deputados* (membros do *parlamento*) que, por seu turno, escolhem *mandatários* seus (membros do *executivo*), perante o parlamento constituídos no *dever de prestar contas* pela sua *gestão*. E assim nos fica, abrupta e simultaneamente, a *«teoria da decisão»* irremissivelmente presa na *tenaz* de um *dilema*: ou prossegue ignorando a *evidência* da *mediação* do *"estado ou governo"*, e quedará *siderada* ante a vertigem de um esquema do já referido tipo $(P_n)^p = (n!)^p$ (uma vez que, obviamente, $p \to +\infty \Rightarrow (n!)^p \to +\infty$), ou se rende à evidência, e ficará com um esquema tipo 'A, B, C' nas mãos, para $n = 3$ e $p = 2$ ou 3, o que *«tende para zero»*, ou seja, *é quase nada!*

8.4.1 Aplicada aos *cidadãos* (ou aos) *consumidores*, esta ou aquela estirpe de modelos é *ilusória*, mesmo *enganosa*, dado que pressupõe serem o "estado" ou o *"governo"* e os *empresários* com "poder no mercado" (*'market power'*) alegres e ociosos duendes, desinteressados, benemerentes, ou *entidades... sem entidade própria*, sem *«racionalidade»* própria, sem objectivos *próprios*, sem *estratégia* própria, simples e neutros «mediadores» entre as «preferências reveladas» por *indivíduos* «soberanos» e os resultados «reveladores» dessas preferências encarnadas, quando é, pelo contrário, evidente e notório tratar-se de *operadores* ou *decisores* «por excelência», na *economia* e na *política* deste *mundo*, com uma *estratégia* que se baseia no cumprimento, a todo o transe, do objectivo ou fim essencial de todos os *seres vivos*; nomeadamente (para quem o esqueceu, ou não relacionou com esta aparentemente outra ou alheia *esfera*, adrede envolta numa atmos*fera* rarefeita, abstracta e *asséptica*), *"perseverar em seu ser"*.

Centrando agora na *política* (quer por si mesma, quer como *par*, *referência* ou mesmo como *modelo intenso* ou *espelho côncavo* mas *nítido* do "laboratório *secreto* da produção", cerne da *economia*) o final do discurso, parece inquestionável que não existe, *no mundo*, nada de semelhante a uma «democracia *directa*», e que o dito «governo *representativo*» tem uma *lógica própria* e *diferente* da dos "*numerosos indivíduos*" de cujas votações depende; é certo que, à imagem do *monopolista* de Augustin Cournot, o "estado ou governo", que é o *poder político*, está *vinculado* ao "veredito" dos seus "constituintes", mas não o reproduz: se quer impor as suas *opções*, está *vinculado* a uma "curva de *procura*" dos seus "constituintes", que constitui o seu *campo* de acção, ou o campo *de batalha* para a sua *estratégia*; se quer *ditar* o *preço* (quer *único*, quer *múltiplo*, *fragmentando* o seu campo *precisamente* "por *classes*"...; lembrar o dito '*Divide et impera!* '), tem de adaptar-lhe o seu leque de opções; num caso e noutro, há-de «*comprar*» *informação* (*transatlantico sensu*: '*buy information*'...), desde logo atendendo às *sondagens*, para melhor exercitar a sua margem de poder ou "grau de monopólio" ('*market power*'), mas será *sempre ele que escolhe* o quê e a quem servir ([70]).

8.4.2 Como, com agudeza, observou a financista Ursula Hicks em relação aos modelos de "«teoria» do bem-estar" ([71]), estes modelos de "teoria da decisão" (que com aqueles compartilham a estrutura lógica) são igualmente profilácticos, tendo aqueles servido de «consolo» aos *numerosos* "contribuintes" — tudo à imagem, embora algo deformada, da refracção, nesse domínio financeiro, da convenção *contratualista* que

---

([70]) É este mesmo, principalmente, o *lugar lógico* do *referendum*, mediante o qual o quase ubíquo trio '**A**, **B**, **C**' vai ser servido aos "*numerosos*" *cives optimo iure* — com o '**A**', digamos, como "**sim**" (o antigo '**VR**', de '*Vti Rogas*', das velhas *leges rogatae* do *ius romanum* político da *respublica*), '**B**' como "**não**" (o antigo '**A**', de '*Antiquo iure utor*') e '**B**' como inútil "**talvez**" (o antigo '**NL**', precisamente de '*Non Liquet*') —, em que, ou (A) o *poder político* se limita a *consagrar* uma *opção* que lhe convenha *na ocorrência*, entre as diversas indigitadas como prováveis pelas *sondagens*, ou (B) o *poder político* assim se *desonera gratuitamente* da responsabilidade por uma decisão *politicamente demasiado custosa* (em *número de votos* próximos futuros, *preço* da permanência). Em qualquer destes casos, a *marginal* «auscultação» via *referendum* pouco ou nada reveste de uma alegada «democracia *directa*»; pelo contrário, trata-se sempre de uma medida usada pela *maioria* no seu *interesse*, por sua *escolha* e *quando lhe convém*.

([71]) Cf Ursula Hicks, *On teaching Public Finance*, nos "Oxford Economic Papers" 13 (2), Julho de 1961, pp 123-31, especialmente nos passos extractados no § 3.1 de Aníbal Almeida, *Programa de Economia Pública*, 1998.

está, precisamente, na origem do termo e do conceito *"contribuição"*, oposto e sobreposto a *"imposto"* pelos *'Founding Fathers'* do estado liberal —, servindo estes como «consolo» aos *numerosos* excluídos (ou *exterminados*, para além da própria *«margem»* ou periferia) *de qualquer decisão*. Mas a visão «consoladora», se bem que *caridosa*, é *enganosa* certamente: dos *numerosos "cives optimo iure"* («consumidores soberanos») *não se transita «via» modelos de decisão* dos *"numerosos indivíduos"* exterminados da *política* (e da *gestão* de empresas); *quem joga* os *jogos estratégicos* ou *de poder* são os *políticos profissionais* ([72]) e os *gestores* ou *gerentes de empresas* também *profissionais*, principalmente após esta segunda (ou terceira, ou enésima...) «revolução industrial», da *informática* e da *informação*. Se algo permite o *trânsito*, sem *transição*, dos *"numerosos indivíduos"* da *periferia* ou *«margem»* para os poucos «eleitos» que são os *decisores* do *centro do poder, económico* e *político*, é a *perda do nome* dos *numerosos* indivíduos no *anonimato, irredutível* e *redutor*, literalmente *esmagador* dos *«grandes números»* que, quase como a morte, *'omnia solvent'* no seu *imenso* seio em que todos se perdem, e assim os *ab*sorve e os *dis*solve, indiscerníveis e dispersos, quase inorgânicos e invisíveis como as amibas antes do microscópio ou o como o *krill* da perspectiva das baleias azuis.

8.5.1 Para que se não cuide que aqui se trata de uma *idiossincrasia*, nada melhor do que deixar aqui, para reflexão de *todos*, estas palavras muito contadas, pesadas e medidas, de há mais de século e meio, escritas por alguém sempre muito citado, contudo quase desconhecido (ou, pior do que isso, injustamente conhecido como cultor beato de uma realidade transatlântica que tão lucidamente logrou observar), além de tudo o mais prenunciando, precoce e quase literalmente, o temido advento do *tout savant et tout puissant* "Irmão Mais Velho" (*'the Big Brother'*) de George Orwell — supor-se-ia até, por certo *anacronicamente*, como que pres-

---

([72]) Todos o sabem ou suspeitam, com excepção dos delicados mistos de arrogância apodíctica e de «desprendimento das coisas deste mundo» que são os estilistas convencionais da economia conformista. Compensa estar atento: neste momento em que retomo o trabalho de escrita deste exercício de reflexão, leio, num jornal diário, esta asserção desencantada de uma colunista muito sagaz: 'Os políticos estão a jogar os seus jogos. O povo é coisa de somenos importância. O povo, como o povo bem sabe, nunca existiu. Já estava na altura de se lhe esfregar bem essa verdade na cara, para ver se o equívoco se desfaz de uma vez por todas' (Clara Pinto Correia, no **DN** de 27 de Setembro de 1998).

sentindo já (*"Je veux imaginer"*; *"je vois"*...) a eclosão do ambiente do mesmo hoje não muito perceptível e gradual alastramento do *arquipélago informático*:

> 'J'avais remarqué durant mon séjour aux États-Unis qu'un état social démocratique semblable à celui des Américains pourrait offrir des facilités singulières à l'établissement du despotisme. [...] Je veux imaginer sous quels traits nouveaux le despotisme pourrait se produire dans le monde: je vois une foule innombrable d'hommes semblables et égaux qui tournent sans repos sur eux-mêmes pour se procurer des petits et vulgaires plaisirs, dont ils remplissent leur âme. Chacun d'eux, retiré à l'écart, est comme étranger à la destinée de tous les autres: ses enfants et ses amis particuliers forment pour lui toute l'espèce humaine; quant à au demeurant de ses concitoyens, il est à coté d'eux, mais il ne les voit pas; il les touche, mais il ne les sent point; il n'existe qu'en lui-même et pour lui seul, et, s'il lui reste encore une famille, on peut dire du moins qu'il n'a plus de patrie. Au-dessus de ceux-là s'élève un pouvoir immense et tutélaire qui se charge seul d'assurer sa jouissance et de veiller sur leur sort. Il est absolu, détaillé, régulier, prévoyant et doux. Il ressamblerait à la puissance paternelle si, comme elle, il avait pour objet de préparer les hommes à l'age viril; mais il ne cherche, au contraire, qu'à les fixer irrévocablement dans l'enfance. Il aime que les citoyens se réjouissent, pourvu qu'ils ne songent qu'à se réjouir. Il travail volontiers à leur bonheur; mais il veut en être l'unique agent et le seul arbitre; il pourvoit à leur sécurité, prévoit et assure ses besoins, facilite leurs plaisirs, conduit leurs principales affaires, dirige leur industrie, règle leurs sucessions, divise leurs héritages; que ne peut-il leur ôter entièrement le trouble de penser et la volonté de vivre? [...] Nos contemporains [...] imaginent un pouvoir unique, tutélaire, tout-puissant, mais élu par les citoyens. Ils combinent la centralization et la souveraineté du peuple. Cela leur donne quelque relâche. Ils se consolent d'être en tutélle, ne songeant qu'ils ont eux-mêmes choisi leurs tuteurs. Chaque individu souffre qu'on l'attache, parce qu'il voit que ce n'est pas un homme ni une classe, mais le peuple lui-même, qui tient le bout de la chaîne. Dans ce système, les citoyens sortent un moment de la dépendance pour indiquer leur maître, et y rentrent'!
>
> (Alexis de TOCQUEVILLE, *De la démocracie en Amérique*, vol. II (1835), parte 4ª, cap. 37)

8.5.2 *Depois*, ter-lhe-ia convindo atender igualmente, na ocorrência, à atenção comummente prestada por esses mesmos politólogos e juspublicistas a uma conspícua componente da irredutível complexidade da sociedade "após-industrial" ou "sociedade técnica" a assumir: a sua componente *policracia* (uma policracia «de tipo novo», "neocorporativo", presente em todas as estâncias, económicas, sociais, culturais), tal como ela se veio a perfilar, principalmente no após-guerra, e se traduz, precisamente, na *"estrutura das sociedades de massas, especialmente representada em grupos"* (Rogério Soares, *Direito Público e sociedade técnica*, cap. VI, p 145), em concorrência com o *estado social* dos dias de hoje. Da perspectiva do direito, porém supondo a nova realidade, e valendo para ela, são claros e preciosos os contributos da aludida vizinhança para uma reflexão em comum:

> 'O problema hoje não é o de constituir uma barreira ao Estado principalmente representado pelo executivo, para salvaguarda da liberdade do indivíduo, mas um, bastante mais vasto, de garantir a liberdade no contexto dum Estado e duma pluralidade de grupos. Querer vê-lo resolvido apenas com a contraposição legislativo-executivo é esquecer que falta agora a suposição política originária da distinção: um quadro de interesses da sociedade distinto dos valores do Estado; e que, por outro lado, os ataques à liberdade podem vir precisamente do poder legislativo. [...] Dentro da máquina estadual o princípio da separação de poderes perdeu [...] o conteúdo político. *Ele sobrevive, contudo, dentro do Estado como sociedade organizada.* A teoria política tradicional tendeu a esquecer estas possibilidades, ao volver toda a sua atenção apenas para as formas constitucionais clássicas de separação de poderes. Desde logo a existência duma pluralidade de forças constitui um processo espontâneo de limitação e equilíbrio dos pretendentes ao poder. Compreende-se que não se acredite firmemente na alta qualidade desse equilíbrio; que se ponham dúvidas sobre a justiça das suas definições; que se critique a sua consistência. Passou a época do «darwinismo social», e poucos se sentirão inclinados a fazer reviver as assunções da «sobrevivência dos melhores» numa luta de grupos. Não pode, todavia, negar-se que o equilíbrio existe e que dele resulta uma defesa, ou ao menos uma certa defesa, do particular contra as pretensões de domínio de cada grupo [...]. De qualquer maneira a existência de uma contra-posição dos vários grupos representa uma forma de separação social de poderes, que minimiza o impacto individual de cada um no campo da sua actividade puramente social, como ainda das suas pretensões políticas. Cria-se um sistema de *countervaling powers* (a expressão foi tornada célebre por Galbraith — *The American capitalism*, 2ª ed., 1956, esp. págs. 108 e segs.), que dentro da sociedade preenche a função política da separação dos poderes: evitar o domínio excessivo duma estrutura política candidata ao poder. [...] Repare-se, todavia, em que a organização plural do mundo moderno não vale apenas como processo de composição de interesses actuando no domínio da sociedade; ela está também em condições de influir sobre a própria máquina do Estado, tornando-se assim numa espécie de administração política autónoma'.

> (Rogério Soares, *Direito público e sociedade técnica*, Coimbra, Atlântida, 1969, cap. VI, pp 153 e 156-8)

Deste breve confronto de observações sobre estados de coisas (sendo o penúltimo, *então*, *potencial*; e sendo todos, *hoje*, *actuais*), interessa, sobremodo, retirar e reter as linhas do perfil dos actuais *protagonistas* [73] e os ingredientes do actual *cenário* das mais recentes modalidades do *jogo do poder*.

8.5.3 Ao ensaiar qualquer esboço dos fundamentos lógicos de uma futura «teoria do campo unificado» da economia e da política, não poderemos, no entanto, como é patente, desatender a uma nítida diferença de ser e dever ser sobre o comportamento das suas respectivas e típicas instâncias de decisão, *protagonistas* de um e de outro domínio, aliás em conexão com os diferentes tipos de finalidades a prosseguir por elas.

É claro que existe, *desde o início* (i. e., desde o início *do estado de direito*), uma conspícua e elementar *differentia specifica* entre os agentes do poder *político* e os agentes do poder *económico*, quer em termos de *meios* a utilizar, quer em termos de *fins* a prosseguir: ao passo que ao *estado* e *demais entes públicos*, na sua veste de postulados *mandatários* dos *cidadãos*, são assinadas *finalidades* ou *agenda* de *interesse público* imediato, e são impostas estreitas *normas de conduta* (nomeadamente, quanto à exigência de *publicidade* ou «*transparência*» da actuação dos órgãos do poder político, também, em si, «princípio» ou «fim»; aliás, *apenas* fora do âmbito restrito de uma noção juspublicista contrafeita e incómoda: o «*segredo de estado*»...), já às *empresas* (pelo que nos interessa, como se torna óbvio, sob a *única* espécie das «*sociedades anónimas de responsabilidade limitada*»: sigla *actual*, '*s. a.*'), instâncias próprias do poder *económico*, *pelo contrário*, se não pode exigir semelhante fra(n)queza, posto que, desde sempre, "*o segredo é a alma do negócio*" [74], prevalecendo, em relação a elas, como valor fundamental

---

[73] Notar que expressões frequentes como '*protagonista*' (προταγωνιστής) e '*deuter*agonista' (δευτεραγωνιστής), já aqui utilizadas, significando, usualmente, "primeiro" e "segundo *actor*" (o que não deixa de ser adequado), provêm de "*agonia*" (ἀγωνία), que quer dizer "*jogo*", "*luta*", "*combate*", podendo denotar, portanto, também os primeiros e segundos dos jogadores ou lutadores, *por sua ordem de importância*, pº. exº os também já nossos conhecidos "price setters" ("price setting agents") e "price followers" ("price following agents"), com óbvias ressonâncias a "*concorrência*" (melhor, *aqui*, "*competição*"), a "*jogos estratégicos*" e a '*war games*': "jogos de *guerra*" e de *poder*.

[74] Rememoremos dois grandes visionários (deste mundo e do outro...) que, com mais de meio milénio de intervalo, souberam ler e dar a ler um par de letreiros memoráveis nos lintéis de dois portais canónicos, secretos: ' "LASCIATE OGNI SPERANZA,

para o direito, a defesa do estabelecimento e dos valores que o constituem ou integram, como sucede, desde logo, com o *segredo* que rodeia, como um escudo, a «propriedade *intelectual*» e a «propriedade *industrial*», valores, de resto, com um princípio construtivo *pessoal* (*individual* e *cívico*), aliás logo erodido como que por contacto de ambos os ténues *adjectivos* daquelas duas expressões entre aspas com o poderoso *substantivo «propriedade»*, como que o reagente de cuja acção decorre a translação e encabeçamento genérico desses valores compostos nas '*s. a.*', usualmente constituídas como *proprietárias* de *ideias* e *processos de fabrico* e *de venda* devidamente *patenteados...*

É certo, deste modo, que o *cidadão consumidor, paciente comum de todos*, sem excluir eventuais associações «de defesa» que os associem ou agregam, dispõem sempre de melhores armas contra atropelos do direito por parte dos *decisores políticos*, quando em confronto com os *económicos* e, neste nosso tempo de «globalização», concentração e avanço permanente da tecnologia (o dito "avanço do *«progresso»*", ou o "progresso do *«avanço»*"...), toda a questão do exercício do poder económico se vem exacerbando como questão crucial.

8.5.4 Desde a publicação da obra *Direito público e sociedade técnica*, correu uma trintena de férteis anos sobre a paisagem, quer internacional, quer nacional, em que evoluem jogadores *e jogados* de semelhantes jogos não florais. Foi-se, entretanto, acentuando o incremento e a expansão crescente da informática, e perfilando nitidamente a "aldeia global" de Marshall McLuhan. Em Portugal, principalmente, a súbita eclosão do 25 de Abril de 1974, com o regresso da democracia, após quarenta e oito anos de pausa e paz corporativa; no mundo, sobretudo, com o final dos anos oitenta, a súbita implosão da URSS, a queda do muro de Berlim e a actual unidimensionalidade, decisória e executória, sobre política internacional, somente a cargo (mais propriamente, sob o comando) dos EUA; depois, à sombra de uma nova ordem ainda indefinida, veio a acentuar-se uma «*novíssima* estrutura da economia» que sucedeu à antes «nova», keynesiana (parafraseando agora um conhecido título de Teixeira Ribeiro, agora com mais de meio século), sabidamente manisfestada por fenómenos *globais* como os da «*globalização*» e da

---

VOI CH'ENTRATE": *Queste parole di colore oscuro / vid'io scritte al sommo di una porta*' (DANTE, *Divina Comedia, Inf.*, III..8-10); e '*die verborgne Stätte der Produktion, an deren Schewelle zu lesen steht: "NO ADMITTANCE EXCEPT ON BUSINESS*" ' (MARX, *Das Kapital*, Livro I, final de III.4.3).

«*des*localização», da construção de *espaços económico-políticos* unificados de âmbito regional, com as *multinacionais* adquirindo o hábito de
acenar aos estados *nacionais* eventualmente interessados ou *candidatos*
— e são-no *todos*! — com suas novas propostas ou «ofertas», «públicas»
e «privadas», de instalação ou «*relocalização*» no *território* próprio *de
quem der mais* (siglas possíveis: «*OPI*» e «*OpI*»...). Ainda há poucos
anos me foi dado escrever, sobre o tema, o seguinte, a pelo ou a pretexto
de uma tentativa de sedução do então primeiro ministro português a
investidores potenciais quase nossos antípodas ([75]):

> 'Fica por decidir se os japoneses industriais acreditaram numa pro-
> messa vã [a de o país estar então passando da «cauda da Europa» para o
> «pelotão da frente» de uma corrida velocipédica subidamente metafó-
> rica...]. Mas é de crer que não, aliás para *futura* felicidade de todos nós: é
> que o atractivo principal para o investimento estrangeiro continuou a ser
> o dos *baixos salários* que se situam, precisamente, em termos relativos,
> «na cauda da Europa», e o que importa ao estrangeiro investidor é isso
> mesmo; e, a mais do que (mas tanto como) isso, verificar que somos
> bípedes obedientes com polegares oponíveis; e muito mais do que isso:
> *subsídios às empresas* ('*à fonds perdu*', como acrescentam, inutilmente,
> afrancesados e franceses); e juros bonificados; vendas de terras a preço
> vil; benefícios fiscais... O mal parece inevitável, e eu não estou a criticar;
> mas é, por certo, muito difícil engolir esta de os governantes se encontra-
> rem na contingência de ter de se constituir em industriosos «espiões
> industriais», se organizar em *lobbies*, responder por escrito (em carta
> aberta ou em carta fechada) às almoedas anunciadas pelas multinacionais
> para se instalarem onde mais lhes sorrirem os «benefícios» e menos lhes
> franzirem o sobrecenho os «custos»: no fundo, e sempre, *à custa* dos
> contribuintes, que somos todos nós, para *benefício* dos que auferem
> lucros, que são só deles'.
>
> (Aníbal ALMEIDA, *As ilusões e as distâncias*, 1992, § 7)

Nenhum *modelo* realista, formal ou não, da economia e da política
e, sobretudo, de um futuro «campo unificado», poderá, como é patente,
desconhecer o actual cenário e o actual perfil dos órgãos e agentes *e
pacientes* que visa *retratar*.

8.5.5 Sobressaem, portanto, no panorama *global* do mundo dos
negócios dos nossos dias, os grandes decisores de território e horizonte

---

([75]) *Geograficamente* apenas, note-se bem, visto tratar-se de dois povos, além
do mais, autores e fruidores de velhas trocas (*interacções*) linguísticas tão importantes
e tão nítidas, e tão quotidianas como '*arigato*', '*pan*' e '*butan*', como '*catana*',
'*sacana*' e '*quiosque*'...

estratégico praticamente ilimitado dentro da biosfera da velha Gaia mais e mais devassada mediante a aplicação maciça de uma capacidade tecnólogica em permanente transe de «Investigação e Desenvolvimento» (*'Research & Development'*; sigla em inglês, *'R & D'*; em português imitativo, *'I & D'*) em expansão contínua. Desta maneira, expressões fáceis como «falar aos japoneses», desde sempre inexactas, vão perdendo sentido no seio de uma estrutura cada vez mais acentuadamente *trans*nacional, não só (nem tanto) por parte dos governos antes protagonistas de uma demanda permanente pela «riqueza das nações», mas, sobretudo, por parte dos «conglomerados» ou conjuntos de grandes sociedades anónimas literalmente «*trans*nacionais» e cada vez mais *concentradas* e *concertadas* quanto aos meios e aos fins do seu *comum* mas *concorrente* (melhor, *competitivo*) «*objecto social*». Daí que seja hoje, mais do que apenas verosímil e facilmente previsível, quase fatal que os maiores detentores de «poder no mercado» (*'market power'*) de âmbito mundial se reconheçam e movimentem como poder, reconhecendo a sua *differentia specifica* em relação às instâncias políticas e actuando segundo ela. Aqui se deixa *ipsis verbis*, sem quaisquer comentários e para mera informação, uma primeira dentre dez (não-)notícias de 1998 das consideradas mais importantes pelo *anuário* para 1999 da organização *Project Censored*, da Sonoma State University (Calif., USA) ([76]), segundo o sítio

---

([76]) *'Project Censored: Tracking The News that Didn't Make the News.* ("keywords": "censorship, media, press, publicize, society, issues, public interest, ownership, freedom, democracy, citi[z]enship, research, Dr. Carl Jensen, Dr. Peter Phillips, Sonoma State University, education", "1998 Yearbook")'. 'The primary objective of Project Censored is to explore and publicize the extent of censorship in our society by locating stories about significant issues of which the public should be aware, but is not, for one reason or another. The project hopes to stimulate responsible journalists to provide more mass media coverage of those issues and to encourage the general public to demand mass media coverage of those issues or to seek information from other sources. The essential issue raised by the project is the failure of the mass media to provide the people with all the information they need to make informed decisions concerning their own lives and in the voting booth. Project Censored, an annual nationwide media research project, was created in 1976 by Dr. Carl Jensen, Professor of Communications Studies, for a seminar in mass media at Sonoma State University. Now in its 24th year, Project Censored is administered by Dr. Peter Phillips of SSU's Sociology Department. He, and the Project Censored staff and interns conduct the Project Censored research class during the fall academic semester which results in the annual yearbook, *CENSORED: The News That Didn't Make The News* published every March by Seven Stories Press. Sonoma State University, one of the 21 California State Universities, is a small but innovative liberal arts and sciences

"http//www.sonoma.edu/projectcensored" da *Internet*, abordado por mim numa navegação empreendida em 9 de Agosto de 1999:

'No. 1. CENSORED

SECRET INTERNATIONAL TRADE AGREEMENT UNDERMINES THE SOVEREIGNTY OF NATIONS:

Some developments in the course of History have such potential to impact nations and humans that it would be irresponsible to ignore them. Yet few mainstream news organizations have reported on the *Multilateral Agreement on Investment (MAI)*, which would set in place a vast series of protections for foreign investment. According to reports in the alternative press, the *MAI* would threaten national sovereignty by giving corporations near equal rights to nations. This agreement has the potential to place profits ahead of human rights and social justice, and that is why our judges named this story the No.1 censored or under reported story of 1998. *MAI* would thrust the world economy much closer to a system where international corporate capital would hold free reign over the democratic values and socioeconomic needs of people. The *MAI* will also have devastating effects on a nation's legal, environmental and cultural sovereignty. It will force countries to relax or nullify human, environmental and labor protection to attract investment and trade. Necessary measures such as food subsidies, control of land speculation, agrarian reform and health and environmental standards can be challenged as "illegal" under the *MAI*. This same illegality is extended to community control of forests, local bans on use of pesticides, clean air standards, limits on mineral, gas and oil extraction, and bans on toxic dumping.
    Sources: IN THESE TIMES, "Building the Global Economy," January 11, 1998, by Joel Bleifuss; DEMOCRATIC LEFT, "MAI Ties," Spring 1998, by Bill Dixon; TRIBUNE DES DR[OI]TS HUMAINS, "Human Rights or Corporate Rights?" April 1998, Volume 5, No.s 1-2; "Giving The World Away", by Elaine Weinreb, Vol 27, No 11; 'ECONEWS' December 1997".

Aqui nos fica o testemunho, como se disse, sem compromisso nem comentários: apenas como sinal de alarme, para reflexão.

---

institution located 50 miles north of San Francisco'. (Obs.: Algo paradoxalmente, devo o conhecimento desta realidade (anti-)informativa, e o próprio endereço da entidade que a proporciona, ao diário *Público*, cujo número de 8 de Agosto de 1999 dedica ao tema as pp 18-9, sob a epígrafe *"Cultura"*... Perante a ocorrência, o menos que se poderá observar é que, em Agosto, actualmente, *tudo é notícia* em Portugal!).

§ 9 (Exórdio)

9.1 Após a eclosão de uma *primeira revolução industrial*, "que envileceu o trabalho humano muscular", e após uma *segunda*, "que envileceu o trabalho mental rotineiro", já desenhada pelo matemático Norbert Wiener no início da década de 40 do séc. XX, e estaremos hoje perante a iminência de uma *terceira* e *universal* "*revolução industrial*" (num *universo terciário* e quase «*imaterial*»...), de que decorrerá "o envilecimento, pela «informática inteligente», do próprio «pensamento humano»", posteriormente «antecipada» pela novela de «ficção científica» *Player's piano* de Kurt Vonnegut Jr, cuja intriga se inscreve no quadro ou panorama constituído pela multidão indiscernível dos novos «*excluídos*», «cidadãos» sem cidade adrede *arrebanhados* no seio do corpo de «Reconstrução e Recuperação» ('*Reconstruction and Recuperation*', na língua original; sigla 'R & R', em ambas as línguas; cf os dois primeiros capítulos da novela), *corpo* pensado, erigido e mantido com a finalidade de fornecer o necessário enquadramento e a necessaria terapia ocupacional de massa à *esmagad(or)a* maioria da população, passiva portadora dos vagos traços fisionómicos do *retrato-robot* do novo «*homem comum*» ('*Takaru*' ou *escravo*, na estranha língua do visitante *bene trovato* que é o *Xá de Batpuhr*, sábio mas indiscreto "chefe espiritual de 6 000 000 de membros da seita Kolhouri") — tudo sob a tutela da monstruosa e ubíqua maravilha informática dita «EPICAC XIV». E, no entanto, economistas e politólogos, juspublicistas e privatistas, permanecem suspensos de um paradigma ou *cânone justinianeu-napoleónico* que teria convindo a um momento literalmente *arrogante* de reivindicação da *personalidade* e *individualidade* como o do *romantismo* e suas *revoluções burguesas* ou *liberais* — com o «burguês terrível» como imponente *sujeito de direito*, aliás entre nós soberbamente *retratado* (e, mais, *biografado*) pelo Código Civil de 1867 («*Código de Seabra*») —, mas nada tem a ver com a actual realidade *massificada* da economia e da política, e o próximo futuro que dela se antevê.

9.2 Por tudo isto, e posto tudo isto, parece ser, mais ou menos do que *ócio*, um verdadeiro *alheamento* (sem temer as palavras: *alienação*) praticar qualquer sorte de *aeromodelismo* a partir de uma axiomática que se proponha como um cânone de uma «democracia directa» que *talvez* conviesse à "família" ou à "aldeia" de antigamente, como "(com)unidades naturais", mas certamente nada pode dizer sobre as "sociedades técnicas" e urbanas de hoje, ainda há pouco entre nós desenhadas por Rogério Ehrhardt Soares. Por tudo isto, e posto tudo isto, *hoje* só cabe *aqui* (ao que sabemos *hoje*, antes do advento de uma *«Psico-história»* como a da trilogia *Fundação* de Isaac Azimov ([77])), quanto a este tema da *decisão política*, um tratamento *qualitativo* mediante uma *teoria da gestão estratégica* (repita-se: *estratégica*), em que a *organização* (as *organizações*) seja o protagonista, reconheça o seu *"nicho"* (para a economia, preferentemente um *'cluster'* como os de um Michael Porter, o conhecido autor de *The competitive advantage of nations*, 1990) e nele se *situe*, trace a sua *estratégia*, jogue o seu jogo «contando as cartas», *conheça* todos os seus vizinhos intimamente, colha e processe *informação*, preferentemente até *quase* atingir o famoso *ideal* de jornal segundo N. Negroponte, tão sábio ou tão sabido que contém *só* e *tudo* o que *«o» leitor* quer ler!

Claro que não escasseia «banha de cobra» neste propício meio e, certamente, em relação a *quase* tudo, *"Também isto passará"*, como no-lo garante o *essencial* de Karl Marx segundo Paul Samuelson. Mas prosseguir, neste ano quase terminal (de «século» e de «milénio», pelas nossas contagens, aliás recentes, alçapremadas em escatologia numerológica, como se os astros se comovessem com a nossa aritmética...), com esquálidos modelos, *ensimesmados* e evasivos, *fri(gid)amente* cerebrais (quando, realmente, são *cerebrais*...), socialmente autistas, na *sociedade da informação*, lembra a Bizâncio de há 546 anos, manipulando o «sexo dos anjos» com os turcos *ante portas*...

Mudar de rumo é, pois, «necessidade elementar» que os jogos conformistas, *formais* e *«abstractos»* (também com o alcance de *«alienados»* ou *«alheados»*...), não poderão, de *forma* alguma, satisfazer. Entre a

---

([77]) Não se presuma, todavia, que a *imaginária* "psico-história" de Isaac Azimov, na base do *imaginário macro*-sistema de previsão do *imaginário* "Plano Seldon", tem algo a ver com o *real* cânone marginalista, nomeadamente com o seu *imaginário* e fraudulento *"moral thermometer"* de Bentham ou *«ofelimómetro»* de *Pareto*, adepto para se proceder ao já referido *'Felicific calculus'*. Seguem as *provas*: (1) " 'If your mathematics is correct, then in order for *the Plan* to have recovered [...] it would be necessary for us to be able *to predict* the reactions of *small groups of people — even of individuals* — with some degree of assurance.' 'Quite so. Since the *mathematics* of *psychohistory* does not allow this, [...]'; (2) 'But no advance would have been possible without the invention of the *psychometer* that could [...] [*measure*] *the immeasurable* and [*give*] *numbers to the indescribable.*' " (Azimov, *Foundation's edge*, NY, Nightfall, 1982, caps. 20 e 79, pp 110-1 e 387 da reimpr. da HarperCollins, Londres, 1996; *grifei*). Sobre todo este tema poderá (re)ver-se o meu *Prelúdio a uma reconstrução da Economia Política*, 1989, § 10, especialmente pp 86-93 e suas notas 67-8, a remeter para (e a *terminar* com) o *Apêndice* V.

beatitude de uns e o *cinismo* de outros (propagandistas, só raramente contrafeitos, deste ou desse produto), ocorre e urge ser *realista* e começar a *"aprender fazendo"* ('*learning by doing*') algo de menos irrelevante e menos ancilar.

§ 10 (Epílogo)

10 Não poderia, no entanto, depois de tudo isto, encerrar o presente exercício, não, propriamente, sem uma *«mensagem»*, mas sem uma *certeza*, aliás do foro (alheio?) das *convicções* e proclamada, *ne varietur*, pelo mesmo imponente "autor de frases célebres" com que se começou (ver o § 0.2). Foi igualmente Winston Churchill quem definiu *"democracia"* de uma maneira talvez um tanto arrevesada, decerto anti-heróica, prosaicamente residual mas, mesmo assim (talvez até por isso mesmo...), com uma verdade radical quase ofuscante, que se não vê como não *partilhar* pois, na verdade, "A democracia é o pior dos regimes políticos, com excepção de todos os outros".

Coimbra, 25 de Outubro de 1999

RESUMO

Retomando um projecto deixado a *abeberar* durante quatro anos, e após o *extermínio* (de *ex + terminium*, de *terminus*, *termini*) ou *eliminação* (de *ex + liminatio*, de *limes*, *limitis*) de *Robinson Crusoe*, só ou acompanhado do seu *fiel Friday*, enquanto personagem da sua historieta, e ainda após o afastamento do módulo em princípio *bipessoal* de uma *família celular* como modelo realista e viável para uma análise formal da *teoria da decisão*, o autor arquitecta a sua própria via de formalização *pluripessoal*, em passos sucessivos, para concluir pela ocorrência irremissível de *indecidibilidades* peculiares a semelhantes vias de análise, tudo acabando por redundar num verdadeiro *impasse*, dado não ser possível *transitar* de formas respeitantes a um modelo global de *democracia directa* para a *economia* e a *política* das complexas "*sociedades técnicas*" da actualidade. O autor conclui que é necessário e urgente mudar de rumo neste domínio, passando a traduzir nos modelos teóricos a existência óbvia do "estado ou governo" e das empresas detentoras de "poder no mercado" ('*market power*') como sujeitos dominantes e centros de decisão preeminentes. (*OBS.*: Na versão definitiva deste ensaio, elaborada entre 26 de Fevereiro e 11 de Agosto, e em fins de Outubro de 1999, foram simplificados alguns dos diagramas, algo polido o texto, e acrescentados alguns novos parágrafos, com mais amplas referências «contextuais», e onze novas notas).

PALAVRAS-CHAVE

Names: CICERO; ARISTOTLE; Bernard MANDEVILLE; Daniel DEFOE; Alexis de TOCQUEVILLE; Winston CHURCHILL; George ORWELL; Rogério Ehrhardt SOARES; António R. DAMÁSIO; Karl MARX; Paul A. SAMUELSON; John VON NEUMANN; Isaac MORGENSTERN; Kenneth J. ARROW; Amartya SEN; John RAWLS; Ursula HICKS; Anthony DOWNS; James M. BUCHANAN.

Ideias: Economia do bem estar; Teoria política; Economia positiva; Economia normativa; Escolha pública; Teoria da decisão; Teoria dos jogos; Teoria dos clubes; Poder no mercado; Democracia directa; Democracia representativa.

ABSTRACT

Resuming a project of a formal treatment and critique of "decision theory" left to ripen for about four years ("**created 08-19-94; 12:55**"; resumed from 09-11 to 09-28-98), the author previously *exterminates* or *eliminates* (i. e., he puts out *off the limits* of the *logical space* of his work) *Robinson Crusoe*, either alone or accompanied by his faithful *Friday*, like any other couple of decisors, as being unable to constitute an adequate basis for a model of decision theory because they do not allow for "simple majority" as a decision rule. He then proceeds with his own series of decision models with three alternatives and any number of decisors, pointing out the fatal emergence of *"indecidibilities"* as its inherent limitation as a picture of a *"direct* democracy", and he concludes that every model of such a kind simply ignores the conspicuous presence of government and market-powered firms between citizens and «sovereign consumers», and ultimate strategic decisions effectively taken in our modern, highly complex societies, even in those which are to be considered as true *"representative* democracies". (NOTE: In the definitive version of this essay, worked out from February 26th to August 11th, and finished in the last fortnight of October 1999, some polishing up was made, some diagrams were simplified and several new paragraphs and eleven new footnotes were added).

KEYWORDS

Names: CICERO; ARISTOTLE; Bernard MANDEVILLE; Daniel DEFOE; Alexis de TOCQUEVILLE; Winston CHURCHILL; George ORWELL; Rogério Ehrhardt SOARES; António R. DAMÁSIO; Karl MARX; Paul A. SAMUELSON; John VON NEUMANN; Isaac MORGENSTERN; Kenneth J. ARROW; Amartya SEN; John RAWLS; Ursula HICKS; Anthony DOWNS; James M. BUCHANAN.

Ideas: Welfare economics; Political theory; Positive economics; Normative economics; Public choice; Decision theory; Game theory; Theory of clubs; Market power; Direct democracy; Representative democracy.

ÍNDICE